Barbara Hanauer
Margaritha Ruckdäschel
Peter Tezzele

Kunst fünf

Kunstunterricht für die sechsstufige Realschule

wolf verlag

2

Quellenverzeichnis:
Umschlagseite 4 Bildarchiv Preußischer Kulturbesitz, Berlin (Bild 1)/ Ferdinand Piloty d. J., Portrait in Generalsuniform, 1865, Öl auf Leinwand, 240 x 160 cm, Bayerische Staatsgemäldesammlung, München, Archiv für Kunst und Geschichte, Berlin (Bild 3)/ Artothek, Peissenberg (Bild 4) • **5** Bildarchiv Preußischer Kulturbesitz, Berlin • **7** MEV-Verlag, Augsburg • **8** Archiv für Kunst und Geschichte, Berlin (Herbert Kraft o.l. und r.)/Staatliche Graphische Sammlung, München (u.l.)/© The Estate of Keith Haring (u.r.) • **12/13** Archiv für Kunst und Geschichte, Berlin (Erich Lessing) • **15** Wvz Urban 532, © Nolde-Stiftung, Seebüll • **16** Kopie von Wilhelm Ahlborn nach Schinkels zerstörtem Gemälde, 1823, Archiv für Kunst und Geschichte, Berlin • **18** Schmincke Feinste Künstlerfarben Erkrath • **19** Ferdinand Piloty d. J., Porträt in Generalsuniform, 1865, Öl auf Leinwand, 240 x 160 cm, Bayerische Staatsgemäldesammlung, München, Archiv für Kunst und Geschichte, Berlin • **20** MEV-Verlag, Augsburg • **21** Wvz Urban 361, © Nolde-Stiftung, Seebüll • **22** Archiv für Kunst und Geschichte, Berlin (Erich Lessing) • **24** Rheinisches Bildarchiv, Köln, © VG Bild-Kunst, Bonn 2001 • **25** Nerchau Mal- und Künstlerfarben, Lacufa AG, (o. l.und r.)/ Szépmüvészeti Museum, Budapest (u.) • **26** Text aus: Bilder und Geschichten, 1979, W. Halle (Hg.), Illustration: Janosch, Gg. Westermann Verlag, Braunschweig • **27** Amsterdam, Van Gogh Museum (Vincent Van Gogh Foundation, o.)/ Archiv für Kunst und Geschichte, Berlin (u.) • **28** Artothek, Peissenberg (o./u.r.)/MEV-Verlag, Augsburg (u.l.) • **29** Rheinisches Bildarchiv, Köln, © VG Bild-Kunst, Bonn 2001 • **30** Archiv für Kunst und Geschichte, Berlin (o.), © VG Bild-Kunst, Bonn 2001 • **31** Die Donald-Kahn-Sammlung • **32** Archiv für Kunst und Geschichte, Berlin • **33** MEV-Verlag, Augsburg • **34** Archiv für Kunst und Geschichte, Berlin (Erich Lessing, o./u.) • **35** Wittelsbacher Ausgleichfonds, München, Bildarchiv Preußischer Kulturbesitz, Berlin (o.l.)/ Artothek, Peissenberg (o.r.)/ Archiv für Kunst und Geschichte, Berlin, © VG Bild-Kunst, Bonn 2001 (u.) • **36** Archiv für Kunst und Geschichte, Berlin • **37** Artothek, Peissenberg, © VG Bild-Kunst, Bonn 2001 • **38** Archiv für Kunst und Geschichte, Berlin (Erich Lessing), © VG Bild-Kunst, Bonn 2001 • **39** Archiv für Kunst und Geschichte, Berlin, © VG Bild-Kunst, Bonn 2001 • **40** MEV-Verlag, Augsburg (u.) • **43** Bildarchiv Preußischer Kulturbesitz, Berlin (Margarete Büsing) • **44** Archiv für Kunst und Geschichte, Berlin (Erich Lessing) • **45** Bibeltext von Alkuin, Ausschnitt aus der illustrierten Handschrift (um 840), ADD 10546 f26, The British Library, London • **46** MEV-Verlag, Augsburg • **47** Projekt Photo, Augsburg (u.) • **48** Stedelijk Museum, Amsterdam • **49** © VG Bild-Kunst, Bonn 2001 • **50** © PICTOR International (o.)/ Bildarchiv Preußischer Kulturbesitz, Berlin (u.) • **51** Archiv für Kunst und Geschichte, Berlin (l.)/ MEV-Verlag, Augsburg (r.) • **54** photograph courtesey of The Art Institute of Chicago, © VG Bild-Kunst, Bonn 2001 (u.)

Die im Verzeichnis nicht aufgeführten Abbildungen wurden von den Autoren zur Verfügung gestellt.
Ein besonderer Dank gilt allen Schülerinnen und Schülern, die zur Gestaltung des Bandes beigetragen haben.

www.wolfverlag.de

WOLF Regensburg • Troisdorf

WOLF ist ein Verlagsbereich der
Bildungsverlag EINS GmbH, Sieglarer Str. 2, 53842 Troisdorf

ISBN 3-523-74500-4

Inhaltsverzeichnis

Das Zeichnen in seiner Vielfalt

Seit es den Menschen gibt, zeichnet er. Dazu waren und sind ihm alle Materialien recht, mit denen er auf einem beliebigen Untergrund eine Spur erzeugen kann. Schon kleine Kinder beginnen mit ihren in Brei getauchten Fingern im Teller zu rühren und auf den Tisch zu malen. Nur wenig später sind es Steine, Blätter, Hölzchen oder Früchte, die zum Zeichenmaterial umfunktioniert werden und auf der Straße, im Sand, auf Treppen, auf dem Fußboden oder Wänden Spuren hinterlassen. Ab dem Kindergarten zeichnen Kinder dann mit geeigneteren Materialien auf Papier.

Anfangs zeichnen Kinder meist ihre Umwelt oder ihre eigenen fantastischen Einfälle. Dies verändert sich mit zunehmendem Alter und gesteigertem Können.

Franziska, 1 3/4 Jahre

Ferdinand, 4 Jahre

Ulrike, 5 1/2 Jahre

Zeichnen ist nach wie vor eine Grundlage für viele Berufe und ein wichtiges Mittel, um anderen etwas zu verdeutlichen und mitzuteilen.
Auch bei allen künstlerischen Ausdrucksformen ist das Zeichnen eine notwendige Voraussetzung. Beim Malen beispielsweise führt eine Vorzeichnung häufig zu besseren Ergebnissen.

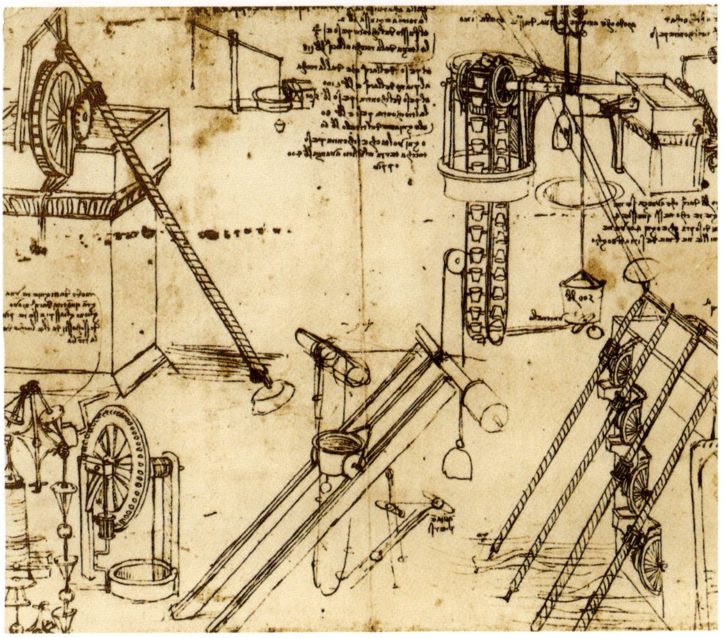

Leonardo da Vinci: Pumpwerke, Skizze, um 1480 bis 1485

Der italienische Künstler Leonardo da Vinci, der von 1452 bis 1519 lebte, war ein großes Genie seiner Zeit. Er war gleichzeitig Maler, Bildhauer, Architekt, aber auch Naturforscher, Ingenieur, Techniker und vor allem Erfinder. Leonardo war neugierig auf alles. Er untersuchte sogar tote menschliche und tierische Körper, um die Form und den Aufbau der Lebewesen besser erfassen und genauer zeichnen zu können. Außerdem untersuchte er den Vogelflug und plante bereits Flugobjekte. Zusätzlich entwarf er Maschinen und Pläne für Maschinen und Kriegsgeräte. Bei vielen seiner Zeichnungen und Plänen schrieb der Linkshänder Anmerkungen in Spiegelschrift von rechts nach links. Seine bekanntesten Gemälde sind die Darstellung des Abendmahls und die „Mona Lisa".

1. *Zähle Berufe auf, bei denen das Zeichnen sehr wichtig ist. Im Text sind bereits einige genannt.*

2. *Zeichne eine Wundermaschine, die aus Abfall in vielen unterschiedlichen Arbeitsgängen einen menschlichen Roboter herstellt.*

3. *Du zeichnest eine Planskizze, um deinen Freunden den Weg zu deinem Zuhause zu zeigen. Bei welchen Gelegenheiten benutzen Menschen das Zeichnen noch?*

Materialien

Zum Zeichnen eignen sich unter anderem Blei-, Faser-, Buntstifte und Kreiden.

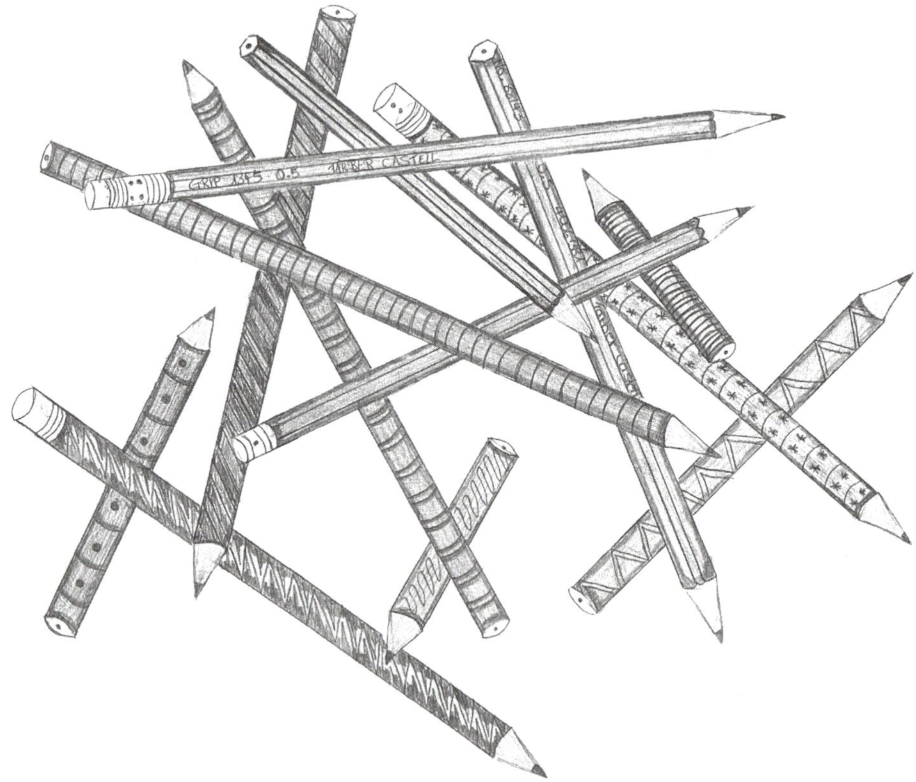

Schülerarbeit: Bleistiftmikado, 2000

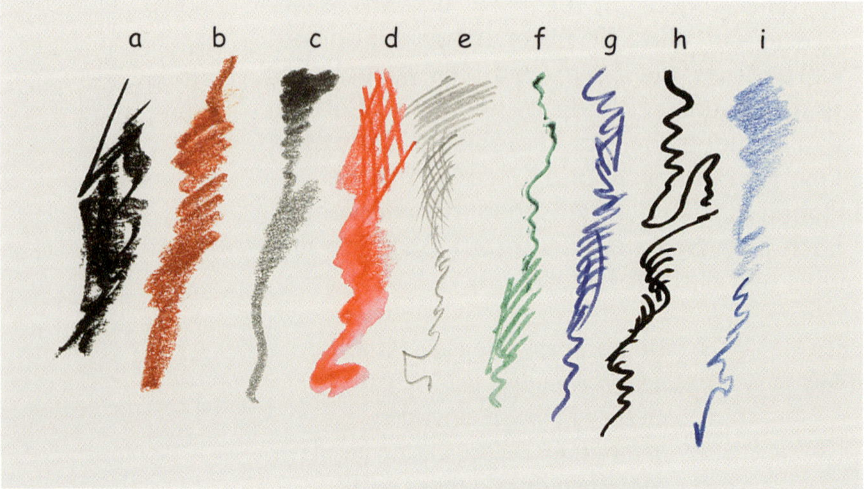

Ordne die Zeichenspuren den entsprechenden Stiften zu.

Der Bleistift

Es gibt verschiedene Bleistiftsorten. Sie unterscheiden sich vor allem in ihrem Härtegrad, der durch die Graphitmine bestimmt wird.
Der Härtegrad wird als Buchstabe angegeben.

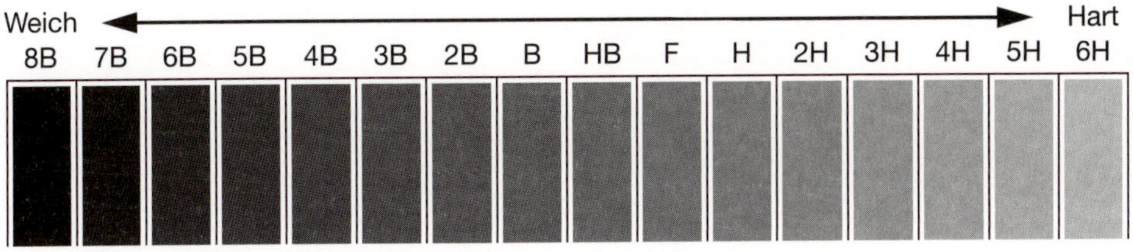

Harte Bleistifte (z. B. 2H) hinterlassen einen helleren Strich und lassen sich nur schwer radieren. Mit weichen Bleistiften (z.B. 4B) lassen sich dunklere Striche und Flächen leichter gestalten. Der Standardbleistift der Härte HB eignet sich gut für zu Hause und in der Schule.

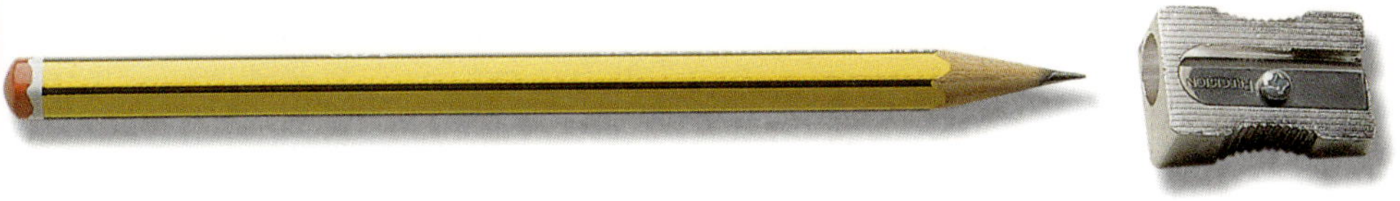

Einfache Ausdrucksmöglichkeiten des Zeichnens sind Punkt, Linie und Form.

Nimm diese Skizze als Zeichenhilfe. Zeichne auf dein Zeichenblatt Kästchen mit der Seitenlänge von 5 cm. Übertrage die vorgegebenen Bleistiftspuren. Ergänze dann die leeren Kästchen und beachte dabei die Abstufungen.

Beispiele von den Anfängen bis zur Neuzeit

„Maskierter Zauberer": Höhlenzeichnung in Trois Frères Le Portel, Frankreich

Albrecht Dürer: „Dürers Mutter", 1514, Kohle, 421 x 303 mm

Daniel Hopfer: „Das Bauernfest", Kupferstich, 258 x 249 mm

Keith Haring: Untitled, 1984, Acryl auf Muslin, 120 x 120 inches, © Estate of Keith Haring

Zeichne selbst

1. **„Höhlenforscher sind mit Lampen unterwegs“**
*Es ist stockdunkel. Nur die Taschenlampen erhellen die Höhlengänge und -hallen.
Schemenhaft sind die Forscher mit Stirnlampen und Handlampen unterwegs. Im Lichtkegel erscheinen geheimnisvolle Zeichnungen und Zeichen an den Wänden.*

2. **„Das Hochzeitsjubiläum“**
Oma und Opa sind 50 Jahre verheiratet. Sie sitzen nebeneinander am festlich gedeckten Tisch.

3. **„Kindergeburtstag“**
*Spielt in der Klasse folgende Situation:
Stellt euch vor, auf dem Geburtstagstisch steht eine reich verzierte Torte mit brennenden Kerzen. Einer von euch darf das Geburtstagskind spielen, andere stehen dahinter und daneben und feuern ihn an, während er die Kerzen ausbläst.
Verfolgt diese lustige Szene, achtet dabei auf die Mimik und Gestik der Spieler und schildert eure Beobachtungen.
Zeichnet anschließend ein Bild, das diese Situation lebendig darstellt.*

Schülerarbeit: Das kleine Gespenst, 2000, Bleistift

4. *Die Schülerarbeit zeigt eine Szene aus einem bekannten Buch von Ottfried Preußler. Wie heißt die Geschichte? Suche dir selbst eine Lieblingsszene aus dem Buch und zeichne sie.*

5. *„Rapunzel, lass dein Haar herunter!“ Zeichne diese Szene, bei der sich Rapunzel neugierig aus dem Turmfenster lehnt.*

Bunt- und Faserstifte für farbige Zeichnungen

Zeichnungen müssen nicht immer schwarzweiß sein. Bunt- und Faserstifte können wie Bleistifte eingesetzt werden. Dabei entstehen anstelle der verschiedenen Grauwerte Farbabstufungen. Zudem lassen sich auch durch Überlagerungen neue Farbtöne erzielen.

Bei Buntstiften werden Mischfarben dadurch erzeugt, dass man vom Hellen zum Dunklen arbeitet. Vorteilhaft ist es, mit den hellen Farben zu beginnen. Auch durch verschiedene übereinandergelegte Farbstriche (Schraffuren) unterschiedlicher Farben entstehen neue, interessante Farbtöne.

Thomas Tezzele: Regensburger Dom, 1999, Bunt- und Farbstifte

Ausschnittsvergrößerung aus dem Bild „Regensburger Dom“. Hier kannst du diese Technik deutlich erkennen.

1. *Zeichne dein Traumschloss oder eine furchterregende Raubritterburg.*
2. *Du kannst auch das Dornröschenschloss oder eine verwilderte Blumenwiese zeichnen.*

Schülerarbeit: Arcimboldo, Farbstifte

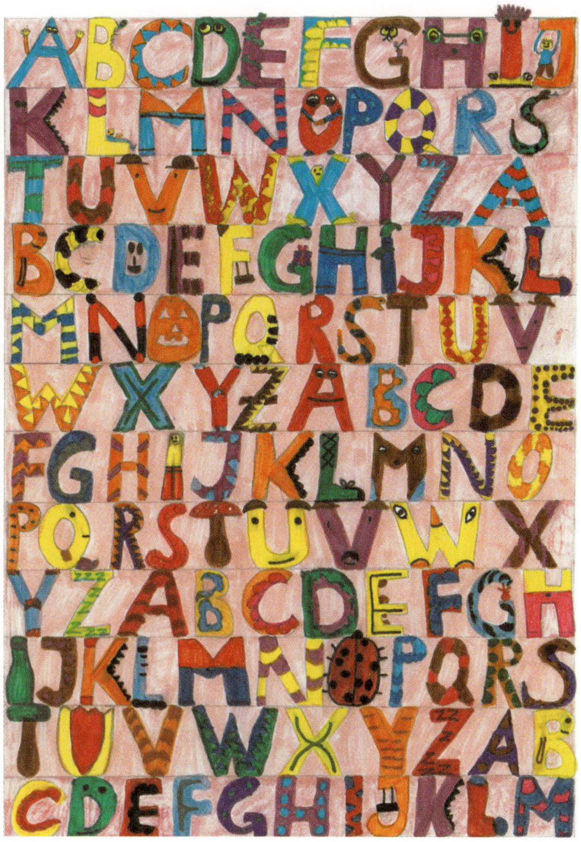

Schülerarbeit: Buchstabenteppich, Faserstifte

Eine Besonderheit sind wasserlösliche Farbstifte. Diese Farben können flächig oder linear auf Papier aufgetragen und anschließend mit einem in Wasser getauchten Pinsel angelöst und vermalt werden. Damit lassen sich malerische Wirkungen erzielen wie beispielsweise die Karottennase in der Zeichnung links oben.
Faserstifte eignen sich eher für lineares Arbeiten. Das Gestalten von Flächen und das Mischen von Farben ist dagegen schwieriger.

3. *Beim Teppichhändler siehst du viele Teppiche unordentlich übereinander liegen. Sie unterscheiden sich durch verschiedenartige Muster.*

4. *Ein Handwerker will Ordnung in ein buntes Wirrwarr aus Leitungen, Rohren und Kabeln bringen.*

Giuseppe Arcimboldo, 1527 – 1593

Sein Leben

Der italienische Künstler Giuseppe Arcimboldo wird von früher Kindheit an durch bekannte Maler und Gelehrte seiner Zeit beeinflusst und bereits mit 22 Jahren ist er durch seine außergewöhnliche Kunstfertigkeit anerkannt.
Arcimboldo wird an den kaiserlichen Hof in Wien berufen und arbeitet dort als Hofkünstler. Dabei ist er nicht nur Maler und Zeichner, sondern hat auch noch weitere Aufgabengebiete, z. B. arbeitet er als Architekt, Bühnenbildner, Ingenieur und Wasserbautechniker. Arcimboldo ist auch für die Organisation und Ausgestaltung von Turnieren und anderen Festlichkeiten verantwortlich.
Sein Ansehen am Hof des Kaisers Maximilian II ist so hoch, dass selbst der Kaiser häufig auf das Urteil des Künstlers großen Wert legt. 1580 wird Arcimboldo in den Adelsstand erhoben. Im Jahre 1587 kehrt er nach Mailand zurück, wo er 1593 stirbt.

Giuseppe Arcimboldo: Selbstbildnis, 1575, Feder und Pinsel in Blau auf Papier, 23 x 15,7 cm, Narodni Galerie, Prag

Sein Werk

Berühmt ist Arcimboldo wegen seiner außergewöhnlichen Portraitbilder und Stillleben, die er aus verschiedenen Gegenständen, Pflanzen und Lebewesen komponiert. Am bekanntesten sind seine Jahreszeitenbilder von Frühling, Sommer, Herbst und Winter. In einer fantasievollen Zusammensetzung unterschiedlicher Elemente aus der Natur lässt er menschenähnliche Köpfe entstehen, die er nicht nur zeichnete, sondern vor allem malte.

Blättere zurück auf Seite 11 und betrachte dazu auch die passende Schülerarbeit.

Arcimboldos Stillleben mit dem Titel „Der Gemüsegärtner“ birgt ein Geheimnis. Drehe das Buch so, dass das Bild auf dem Kopf steht und betrachte es.

Giuseppe Arcimboldo: Der Gemüsegärtner oder Ein Scherz mit Gemüse, 1590, Auf Holz, 35 x 24 cm,
Museo Civico Ala Ponzone, Cremona

Die Ordnung der Farben

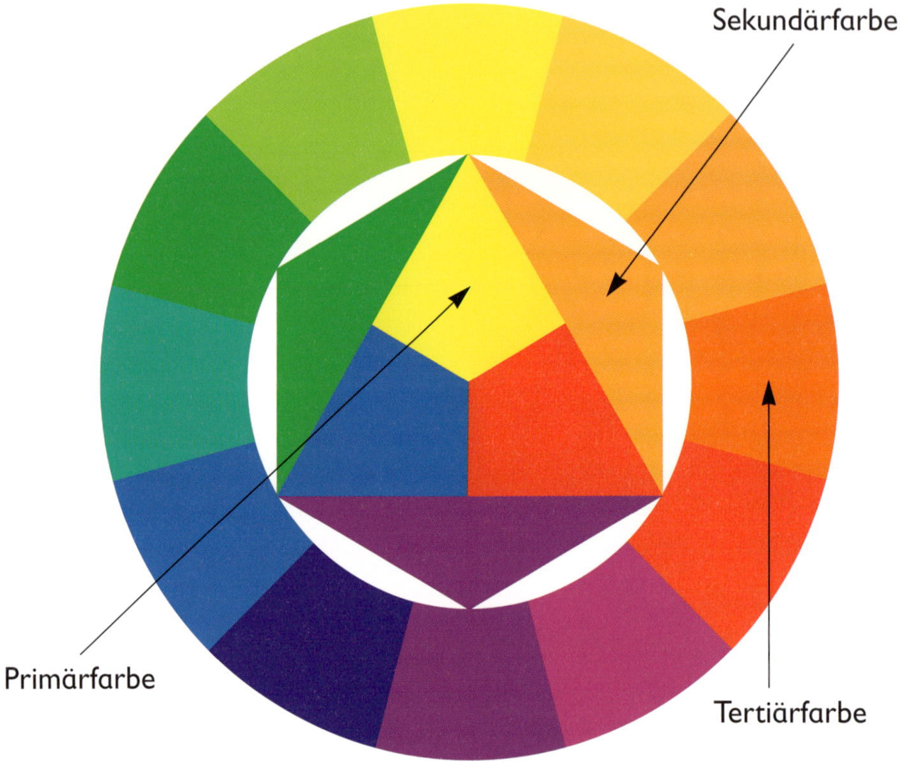

Der zwölfteilige Farbkreis nach Johannes Itten

Die Grundfarben

Die Grundfarben, auch Primärfarben oder Farben 1. Ordnung genannt, sind **Rot, Blau und Gelb.**

Die Farbmischungen

Aus diesen Farben ergeben sich durch *gleichteilige Mischung* untereinander die Farben 2. Ordnung, die Sekundärfarben: **Orange, Violett und Grün.**

Durch das Mischen zweier Grundfarben in *unterschiedlichen Mengen* lassen sich eine Vielzahl weiterer Farben gewinnen.
Im abgebildeten zwölfteiligen Farbkreis liegen im Außenkreis zwischen den Primär- und Sekundärfarben die Farben 3. Ordnung, die Tertiärfarben. Diese entstehen durch das Mischen einer Primär- und einer daneben liegenden Sekundärfarbe, wobei der Farbanteil der Primärfarbe überwiegen muss.

Es ergeben sich folgende Tertiärfarben: **Gelborange, Rotorange, Rotviolett, Blauviolett, Blaugrün, Gelbgrün.**

Mischungen dieser Farben mit den unbunten Farben Schwarz und Weiß ergeben weitere Abstufungen der Farbtöne.

Die Farbkontraste

Bestehen zwischen zwei Farben auffallende Unterschiede, so spricht man von einem Farbkontrast.
Viele Künstler setzen solche Kontraste ganz gezielt ein, um die Bildwirkung zu steigern und um die Bildaussage zu verstärken und zu verdeutlichen.

Der Kalt-Warm-Kontrast

Farben werden als kalt oder warm empfunden. Dies kommt auch in Bezeichnungen wie beispielsweise eisblau und feuerrot zum Ausdruck.
Zu den warmen Farben zählen alle Töne von Rot und Orange, zu den kalten Farben gehört die Farbfamilie Blau – Grün.

Emil Nolde: Kind und großer Vogel, 1912, Ölfarben auf Leinwand, 73 x 88 cm, Statens Museum for Kunst, Kopenhagen

Der Hell-Dunkel-Kontrast

Allein durch das Nebeneinandersetzen heller und dunkler Farben entsteht der so genannte Hell-Dunkel-Kontrast. Besonders durch die Beleuchtung eines Gegenstandes oder einer Person werden die Helligkeitsunterschiede zwischen Licht und Schatten deutlich. Das Dargestellte erscheint so räumlicher und oft geheimnisvoller. Häufig wird der Blick des Betrachters bewusst auf das Wesentliche im Bild gelenkt. Hier wird der Charakter des gotischen Baustils mit seinen aufstrebenden, filigranen Elementen deutlich durch das Gegenlicht betont.

K. F. Schinkel: Gotischer Dom am Wasser, 1813, Öl auf Leinwand, 80 x 106,5 cm, SMPK, Nationalgalerie, Berlin

Male ein Bild, in dem du den Hell-Dunkel-Kontrast gezielt einsetzt, z. B. einen Feuer speienden Vulkan bei Nacht.

Der Komplementär-Kontrast

Komplementäre Farben, z. B. Orange – Blau liegen sich im Farbkreis gegenüber.
Mischt man diese Farben des Deckfarbenkastens zu gleichen Teilen miteinander, so entstehen Grautöne. Nebeneinander gemalt steigern sich die Komplementärfarben zu größter Leuchtkraft.

Schülerarbeit: Urwald

Schülerarbeit: Meer

Materialien

Beim Malen werden wasserlösliche Farbstoffe oder kleinste farbige Teilchen, die Pigmente, in geeigneten Substanzen (Bindemitteln wie z. B. Öl) aufgenommen und mithilfe unterschiedlicher Werkzeuge auf geeignete Maluntergründe aufgetragen.

Auch du hast sicher schon einmal mit Kalk- oder Ziegelsteinen, mit Beeren oder Holzkohle auf das Straßenpflaster gemalt.

Pigmente werden auch heute noch aus der Natur gewonnen. Pflanzen, Steine, Halbedelsteine oder tierische Produkte dienen zur Herstellung von Farben. So entstehen z. B. Grün- und Brauntöne aus dem Sud von ausgekochten Pflanzenteilen von Lauch, Malve, Holunder, Brennnessel, Zwiebelschale oder Tee. Erde, die zuerst gebrannt und dann gemahlen wird, ist der Grundstoff für rote und braune Farben.

Viele Rottöne wurden früher aus dem getrockneten Blutfarbstoff der Purpurschnecke und der roten Steinlaus oder aus Ochsenblut hergestellt. Gelbe Farben wurden aus den Grundstoffen Schwefel und Cadmium gewonnen und der gemahlene Halbedelstein Lapislazuli war das Ausgangsprodukt für das wertvolle Ultramarinblau.
Selbst für Weiß und Schwarz können Produkte aus der Natur verwendet werden, z.B. Muschelkalk, Kreide, Kohle und Ruß.

An dieser kurzen Darstellung siehst du, dass die Farbherstellung aufwändig und teuer war. Trotz modernster Verfahren können auch heute noch nicht alle Farben künstlich hergestellt werden. Zudem bieten die künstlichen Ersatzstoffe selten die gleiche Leuchtkraft und Farbintensität.

Bei vielen Darstellungen von Kaisern, Königen und Kirchenfürsten wird dir auffallen, dass die Farben Rot (purpurroter Mantel oder Talar) und Blau in der Kleidung vorherrschen. Da die Herstellung dieser Farbtöne sehr teuer war, galten sie als ein Zeichen für Macht und waren den Herrschern vorbehalten.

Auch in den kostbar ausgestalteten Kirchenräumen spielte neben dem Blattgold die Farbe Blau eine große Rolle.

Gerade im süddeutschen Raum zeigt dies die Darstellung der Heiligen Maria, die ihren blauen Schutzmantel ausbreitet. Aber auch im fernen Ägypten wurden die Grabkammern der Pharaonen blau ausgemalt.

Ludwig II., König von Bayern (1864 – 1886), im Alter von 20 Jahren

Suche selbst ein Bild eines Herrschers oder einer Figur aus der Bibel, die in prachtvollen Gewändern in den Farben Rot, Blau oder Gold dargestellt ist.

Farbstoffe – selbst hergestellt

1. *Teste folgende Rezepte, um Farben selbst herzustellen. Beachte, dass sich viele dieser Farbstoffe nicht ohne weiteres aus der Kleidung entfernen lassen!*

Rot: Nimm eine Hand voll roter Beeren (Heidel-, Holunder-, Schwarzbeeren), gib sie in ein rundes Küchensieb und drücke den Saft mit einem Löffel über einem Glas aus.
Daraus ergibt sich ein dunkles Rot, das allerdings im trockenen Zustand verblasst und eine blaugraue Farbe annimmt.
Es eignen sich auch verschiedene Früchtetees, wobei du jedoch den Tee (Malve, Hagebutte, Hibiskus) stark konzentriert aufgießen musst.
Ebenso eignet sich der Saft der "Roten Bete" bzw. der "Roten Rübe".

Schwarz: Grillkohle kann nicht nur als Zeichengerät, sondern pulverisiert und mit Wasser angerührt verwendet werden.

Braun: Fast alle Teesorten (schwarz, grün) können aufgebrüht benützt werden, um braune Farbtöne zu erzielen.
Außerdem bieten sich aufgerührte Erden (Humus, Lehm) und der Sud von Zwiebelschalen an.

Grün: Verschiedene Grünpflanzen und Gräser ergeben kleingeschnitten, püriert und durch ein Sieb gepresst einen grünen Farbton, der jedoch im trockenen Zustand auch graubraun werden kann. Durch die Zugabe von etwas Zitronensaft bleibt die grüne Farbe erhalten.

Weiß: Kalksandstein und Kreide werden fein zerrieben und mit Wasser aufgerührt.

2. *Experimentiere selbst, mit welchen Naturmaterialien du Farbe gewinnen kannst und wie diese haltbar werden. (Tipp: Tapetenkleister, Honig, Holzleim, ...)*

3. *Welche Farbstoffe findest du noch bei dir zu Hause? (Curry, Paprika, Lippenstift, ...)*

Farben im Handel

Emil Nolde: Herbstwolken, 1910, signiert unten rechts „Emil Nolde“, Ölfarben auf Leinwand, 73 x 88,5 cm, Kunsthalle Bremen

In deinem Malkasten befinden sich bereits die 12 wichtigsten wasserlöslichen Grund- und Mischfarben. Daraus könntest du alle weiteren Farben durch Mischen erzeugen.

Wasserlösliche Farben können auch nach dem Trocknen wieder mit Wasser angemischt/angelöst werden. Dazu zählen die Fingermal- und die Aquarellfarben.

Den Plaka-, Tempera-, Gouache-, Dispersions- und Acrylfarben können neben dem Wasser Bindemittel (oft Kunststoffe) und auch Konservierungsstoffe (z. B. zur Haltbarmachung) beigemischt sein. Dadurch werden diese Farben nach dem Trocknen teiweise wasser-, wasch- oder wischfest, wie du es z. B. von den Dispersionswandfarben kennst.

Eine Besonderheit stellen die Fenstermalfarben aus Kunststoff dar, die sich nach dem Verdunsten der Lösungsmittel wie eine transparente Folie abziehen lassen.

Während heute viele Künstler Farben auf Kunststoffbasis bevorzugen, weil sie schnell trocknen, eine hohe Leuchtkraft besitzen und sehr lichtbeständig sind, mussten die Maler in früheren Zeiten natürliche Bindemittel wie z.B. Eigelb, Lein- oder Rapsöl verwenden. Farben, die mit Öl als Bindemittel hergestellt werden, heißen Ölfarben. Sie lassen sich nur mit speziellen Malmitteln oder Terpentinöl verdünnen. Ein großer Vorteil der Ölfarben besteht darin, dass sie nach dem Trocknen nicht sofort hart werden und man noch längere Zeit weitermalen kann.

Vor der Erfindung der Fotografie übernahmen Maler die Aufgabe, Personen und Szenen im Bild festzuhalten. So erhielten Hofmaler oft den Auftrag, das Bild einer Braut oder eines Bräutigams zu malen, damit sich der zukünftige Partner ein „Bild“ machen konnte. Da lange Reisen für die Adeligen sehr gefährlich und beschwerlich waren, wurde stattdessen das auf eine Leinwand gemalte Ölbild vom Holzrahmen genommen, zusammengerollt und durch Gesandte z.B. von Spanien nach England transportiert.

Diego Velasquez: Die Infantin Margarita Teresa in blauem Kleid, Gemälde um 1659, Öl auf Leinwand, 127 x 107 cm, Kunsthistorisches Museum, Wien

1. *Gestalte ein Bild, das dich als Herrscherin oder Herrscher zeigt. Bringe dazu ein Passfoto mit und klebe es auf dein Zeichenpapier. Ergänze es zu einer Gestalt, die ein prachtvolles Gewand, kostbaren Schmuck und ausgefallene Schuhe trägt.*

2. *Verkleide einen Mitschüler! Tauscht in der Klasse untereinander Passbilder aus und kleidet ein Klassenmitglied völlig neu ein. Wählt für die Kleidungsstücke Ausschnitte aus Modekatalogen, die ihr ausschneidet und als Collage wieder zusammensetzt. Achtet auf die Größenverhältnisse der Ausschnitte und des Fotos.*

Malwerkzeuge, Malmittel

Zum Malen verwenden wir hauptsächlich Haar- und Borstenpinsel, die aus natürlichem Haar, Schweineborsten oder aus Kunststoff gefertigt sind.

Man unterscheidet grundsätzlich Rund- und Flachpinsel in verschiedenen Größen. Die Größenangabe ist jeweils als Zahl auf dem Pinsel aufgedruckt. Je kleiner die Pinselgröße, desto genauer kannst du die Farbe auftragen.

Selbstverständlich kannst du auch mit Schwämmen, Kartonstreifen, Spraydosen oder einfach mit den Fingern Farbe auftragen.

Tipp:
Den Pinsel stets so ablegen, dass die „Haare" nicht umgebogen werden. Sonst wird das Malen erschwert. Gerade beim Trocknen und Aufbewahren des Pinsels musst du darauf achten, dass die Haare glatt gestrichen werden und nirgends anstoßen.

Maluntergründe

Farbe kannst du auf viele Materialien auftragen: auf Papier, Karton, Glas, Metall, Porzellan, Leder usw. Mit den Wasserfarben deines Malkastens lassen sich allerdings nur bestimmte Untergründe bemalen.

Material	Eigenschaften
A Schreibmaschinenpapier	I Die Farbe trocknet schnell (1), langsam (2) oder sehr langsam (3).
B Umweltschutzpapier/Zeitung	II Der Untergrund saugt die Farbe sofort (1), langsam (2) oder gar nicht auf (3).
C Stoffrest/Baumwolltuch, hell	III Die Farbe leuchtet (1), ist matter (2) oder wirkt stumpf und matt (3).
D Naturholzbrett	IV Die Farbe kann wieder (1), etwas (2) oder nicht mehr angelöst werden (3).
E Kunststoff, hell	V Die Farbe verändert den Farbton stark (1), ein bisschen (2) oder gar nicht (3).

Teste selbst, welche Eigenschaften die folgenden Maluntergründe besitzen. Dazu benötigst du deinen Malkasten und die angegebenen Materialien. Wähle deine Lieblingsfarbe, teste die Untergründe A – E und schreibe für jedes Material die entsprechende Eigenschaftsnote 1, 2 oder 3 auf.

Der amerikanische Künstler Jackson Pollock (1912 – 1956) wurde dadurch berühmt, dass er die Farbe aus schwingenden Farbdosen auf den Maluntergrund träufeln ließ. Bei diesem *Action Painting* entstanden eher zufällige Muster und Strukturen.

Jackson Pollock: Unformed Figure, 1953, Öl auf Leinwand, 130 x 195,5 cm, Museum Ludwig, Köln

Technik

Es gibt grundsätzlich zwei Methoden, Farbe aufzutragen.

Der deckende Farbauftrag

Wenn die Farbpigmente so angemischt wurden, dass beim Auftragen der Farbe der Untergrund nicht mehr durchscheint, sondern vollständig abgedeckt wird, spricht man von einer deckenden, pastosen Malweise.

Der lasierende Farbauftrag

Beim lasierenden Malen wird die stark verdünnte Farbe auf den Malgrund transparent aufgetragen, sodass er durchscheint. Nach dem Trocknen der ersten Farbschicht können weitere darüber gemalt werden. Da die untere Schicht noch durchscheint, entstehen neue Farbtöne und Effekte.

Stelle fest, an welchen Stellen bei dem Aquarell von Paul Cézanne die lasierende Malweise besonders deutlich wird.

Paul Cézanne: Stillleben mit Früchten, 1885/1888, Aquarell über Bleistift, 23,8 x 31,8 cm, Szépmüvészeti Museum, Budapest

Male selbst

1. *Wir gestalten ein abstraktes Bild und denken dabei an die Arbeitsweise von Jackson Pollock. Nimm den Deckel eines Schuhkartons und klebe Zeichen- oder Tonpapier ein.*
   Um auf der Papierfläche farbige Rollspuren zu erhalten, musst du verschieden große Murmeln in dickflüssige Farbe (z.B. Dispersionsfarbe) tauchen. Dann lässt du diese Murmeln in dem Deckel hin und her rollen.
   Wenn du möchtest, können auch Teile des Bilduntergrundes mit einer Schablone abgedeckt werden, damit dort keine Farbe aufgerollt wird.

2. *„Peter malt den Wind"*
   Male ein Bild zum Inhalt des Gedichtes.
   Verdeutliche die beschriebene Atmosphäre: Sturm, dunkle Wolken, aufgewühltes Wasser, fliegende Gegenstände.

TIPP:
Beginne mit dem Hintergrund und trage die Farbe lasierend auf. Die Gegenstände und Figuren im Vordergrund sollen pastos gemalt werden.

3. *„Der Totempfahl"*
   Der Pfahl aus Zedernholz war für die Indianer ein Kultobjekt. Bunt und fantasievoll mit Ornamenten, Tier- und Fabelwesen verziert, diente er religiösen Zwecken.
   Male den wilden Tanz der Indianer bei Trommelmusik um den Totempfahl.

Peter malt den Wind

Werner Halle

Der kleine Peter will den Wind malen.
Die Mutter lacht: O Peter,
den Wind kann man doch nicht sehen!
Aber Peter ist schlau.
Er malt einen Drachen hoch in der Luft.
Er malt ein Segelboot.

Er malt einen Mann,
der seinem Hut nachrennt.
Er malt eine Frau
mit einem umgedrehten Regenschirm.

O weh, und dort liegt ein Baum
auf der Straße.
Und die Wolken da oben,
wie sind sie dunkel und dick!

Peter ist fertig mit seinem Bild.
Mutti schau!
Fein Peter, das ganze Bild
ist voll Wind.

Besondere Arten des Farbauftrags

Es gibt viele Arten, um Farbe auf eine Unterlage zu bringen. In der Steinzeit bemalten unsere Vorfahren die Höhlenwände mit ihren Händen. Jackson Pollock ließ Farbe aufs Papier tropfen. Andere Künstler tragen Farbe mit Spachteln, Kartonstreifen und Holzstücken auf verschiedenartige Maluntergründe auf.

Selbst beim Farbauftrag mit den unterschiedlichen Pinselarten gibt es mehrere Methoden. Gerade mit dem Borstenpinsel kann die Farbe so dick aufgetragen werden, dass die Farbe „spürbar" auf dem Maluntergrund steht.

Bei den Bildern des Künstlers Vincent van Gogh lassen sich diese groben Pinselstriche, oftmals dicht nebeneinander gesetzt, in ihrer bewegten Form gut erkennen.

Vincent van Gogh: Selbstbildnis, 1887, Öl auf Leinwand, 37,5 x 44 cm

Vincent van Gogh: Weizenfeld mit Raben, 1890, Öl auf Leinwand, 51 x 103,5 cm, Rijksmuseum Vincent van Gogh, Amsterdam

Claude Monet: Impression, aufgehende Sonne, 1872, Öl auf Leinwand, 48 x 63 cm

Eine spezielle Malweise wurde im **Impressionismus** (ab 1874) erfunden.
Die Maler wollten den Augenblick einfangen. Dazu verwendeten sie nur die Regenbogenfarben (Spektralfarben) und setzten sie direkt nebeneinander, ohne sie zu vermischen.
Dadurch wird beim Betrachten ein Flimmern und Flirren des Lichtes vermittelt, als ob das Sonnenlicht durch im Wind bewegte Blätter oder auf glitzerndes Wasser fällt.

Einige Künstler tupften die Farbe nebeneinander in kleinen Pünktchen auf die Leinwand. Wegen der kleinen Farbpunkte wurde diese Kunstrichtung als Pointillismus (point [franz.] = Punkt) bezeichnet. Bei genügend Abstand zum Bild ergeben sich für den Betrachter gleichmäßig erscheinende Farbflächen und Farbmischungen.
Als Begründer dieser Stilrichtung gilt Georges Seurat, der von 1859 bis 1891 lebte.

Georges Seurat: Ein Sommernachmittag auf der Insel Grand Jatte, 1884/1896, Öl auf Leinwand, 207 x 308 cm

Dieses Prinzip findet sich heute auch in der Druckindustrie. Bei einem farbigen Zeitungs- oder Computerausdruck werden kleine Farbpunkte der Farben Gelb (Yellow), Rot (Magenta) und Blau (Cyan) mit Schwarz so eng zusammen und übereinander gedruckt, dass für das menschliche Auge eine Mischung entsteht.

Mit der Erfindung der Farbsprühdose, mit der nicht nur Gebrauchsgegenstände lackiert werden können, eröffneten sich weitere Möglichkeiten für neue künstlerische Ausdrucksformen.
Gerade wenn Farbflächen gleichmäßig aufgetragen werden sollen, bedienen sich auch Künstler der Spraydose. Bei der Komposition eines Bildes können Farbflächen durch Klebestreifen exakt begrenzt werden. Durch den Einsatz von Schablonen (Lochbleche) erhält man verschiedene Muster.

Roy Lichtenstein: M-Maybe (A Girl's Picture), 1965, Magna auf Leinwand, 122 x 172 cm, Museum Ludwig, Köln

Roy Lichtenstein (1923 - 1997), ein Mitbegründer der Kunstrichtung Pop-Art, stellte in seinen Bildern die sichtbare Wirklichkeit der 60er und 70er Jahre dar.
Daraus entstand eine neue Bildsprache mit Motiven der Werbung, der Warenwelt, der Verherrlichung von Stars und Comics. Lichtenstein bildete alltägliche Dinge, Autos, elektronische Geräte, Konservendosen, Banknoten, Zeitungsausschnitte und Fotos ab oder fügte sie in Form von Collagen zusammen. Dazu setzte er häufig die Technik des Siebdrucks ein.

Roy Lichtenstein: Friede durch Chemie, 1970, Öl und Magna auf Leinwand, 3 Teile, je 254 x 152,4 cm, Privatbesitz

Besonders Jugendliche benutzen die Spraydose, um z.B. Hauswände und Züge illegal zu besprühen. Oft stellen diese „Bilder" nur verschlungene Schriftzüge und Zeichen dar, mit denen die Jugendlichen ihre Gefühle und Gedanken zum Ausdruck bringen wollen. Teilweise entstehen aber auch Werke, die zur künstlerischen Gestaltung der Wände führen. Dabei haben die Motive häufig einen fantastischen Charakter und erinnern an Traumwelten. Bei dieser „Graffiti-Kunst" ist wichtig, dass die Schriftzeichen und Bilder in bestimmter Weise aufgebaut werden. Umrisslinien, die so genannten „Outlines", begrenzen Flächen, die mit bunten Farben und in bewegten Formen gefüllt werden.

ACHTUNG:
Das Besprühen von Gebäuden, Zügen oder anderen Flächen ist nur mit Genehmigung des Eigentümers erlaubt!

Genehmigtes Graffiti auf der Wand eines zum Abriss freigegebenen Hauses in Regensburg

Douglas Frank Tjapangardi: Dingo Tjukurrpa (1987), Erdfarben, 121,9 x 124,5, Die Donald-Kahn-Sammlung, Yuelamu Artists Company, Alice Springs

Das Bild des australischen Künstlers führt uns zu den Ursprüngen der Malerei australischer Ureinwohner (Aborigines) zurück. Traditionelle Themen und Motive werden mit modernen Farben punktförmig aufgetragen. Im Gegensatz zum Malstil des Pointillismus ist nicht die optische Farbmischung das Ziel, sondern das Gestalten von Flächen, Formen und Figuren.
Die Hintergrundmuster beschreiben eine Landschaft. Die U-Formen, Kreise und Verbindungslinien schildern die Lebensgewohnheiten und Geheimnisse australischer Jäger. Ähnliche Symbole und Muster verwenden die Aborigines für Körperbemalungen. Sie finden sich auch auf T-Shirts für Touristen wieder.

Beispiele der Malerei von den Anfängen ...

In der Steinzeit vor etwa 35 000 Jahren lebten die Menschen ganz anders als heute: Kleine Familiengruppen bewohnten oft schwer zugängliche Höhlen und versorgten sich vorwiegend durch die Jagd. An einigen Orten bemalten sie die Höhlenwände mit Tieren und Jagdszenen. In Lascaux in Frankreich und Altamira in Spanien wurden solche Höhlen wiederentdeckt. Bis heute ist unklar, warum unsere Vorfahren diese Motive malten und was sie bezwecken sollten. Einige Wissenschaftler halten die Malereien für religiösen Jagdzauber.
Beim Malen verwendeten die Steinzeitmenschen nur die Erdfarben Rot, Braun, Schwarz und Weiß.

Tierherden, Höhlenmalerei in der Kult- und Wohnhöhle in Lascaux (Dep. Dordogne, Frankreich), um 15 000 v. Chr.

1. *„Jäger in der Steinzeit“*
Du bist ein Jäger in der Steinzeit und bemalst die Höhlenwand zur Beschwörung, damit die Jagd erfolgreich ist. Dazu eignen sich auch gut die Naturmalfarben von Seite 20.

2. *Bei dem Rätsel ergeben die fett markierten Buchstaben ein Lösungswort. Findest du es?*

ei **A**ltamira entdeckte ein spanischer **A**deliger eine Höhle mit Tierbildern.

Man nimmt an, dass beim **Z**eichnen Beschwörungsformeln gesprochen wurden.

Der größte Fund solcher **B**ilder wurde 1940 in Lascaux gemacht.

Gewöhnlich wurde die Farbe mit den Händen verstrichen oder durch hohle **R**öhrenknochen auf die Wand geblasen.

Einige Szenen davon waren **J**agdszenen.

Der **U**mriss der Tiere wurde meist mit dunklen Farben gezeichnet.

... bis zur Neuzeit

Römische Wandmalerei: Garten mit Fruchtbäumen, Blumen und Vögeln, Ausschnitt aus dem Fresko im Gartensaal der Villa Livia bei Prima Porta, Gesamtmaße 11,70 x 2,72 m, Museo Nazionale Romano delle Terme, Rom

Oberrheinischer Mesiter: Das Paradiesgärtlein, um 1420, Öl auf Holz, 26,3 x 33,4 cm, Städelsches Kunstinstitut, Frankfurt, Leihgabe des Historischen Museums Frankfurt

Albrecht Altdorfer: Donaulandschaft mit Schloss Wörth bei Regensburg, um 1526/28, Pergament auf Buchenholz, 30,5 x 22,2 cm, Alte Pinakothek, München

Caspar David Friedrich: Der Wanderer über dem Nebelmeer, um 1818, Öl auf Leinwand, 94,9 x 78,4 cm, Kunsthalle Hamburg

Ernst Ludwig Kirchner: Davos im Schnee, 1921, Öl auf Leinwand, 121 x 150 cm, Kunstmuseum Basel

Paul Klee (1879 – 1940)

Paul Klee, Porträtaufnahme um 1920

Sein Leben

Paul Klee wird bei Bern (Schweiz) geboren und beginnt seine künstlerische Karriere mit Zeichnungen. Im Jahre 1900 schließt er sein Kunststudium in München ab und wendet sich der bildnerischen Malerei zu. Klee bewundert Paul Cézanne und Vincent van Gogh und lernt auch bedeutende Künstler seiner Zeit kennen wie z. B. Wassily Kandinsky, Hans Arp und Franz Marc, die zur Gruppe des „Blauen Reiters" gehören.

Klee reist viel und sammelt Eindrücke, die er in seinen Bildern verarbeitet. Zusammen mit seinem Malerfreund August Macke unternimmt er 1914 eine Studienreise nach Tunis in Nordafrika. Beide Maler sind begeistert vom Licht und den Farben des afrikanischen Kontinents.

Ab 1920 lehrt Paul Klee am Bauhaus in Weimar und an der Düsseldorfer Kunstakademie. Dort wird er 1933 von den Nationalsozialisten, der damals herrschenden Partei unter Adolf Hitler, als Professor entlassen. Seine Kunstwerke passten nicht zur Gedankenwelt dieses allein herrschenden Staatssystems. Klee verlässt Deutschland. Seine Werke werden 1937 als „Entartete Kunst" verboten und beschlagnahmt.

Paul Klee verbringt seine letzten Lebensjahre überschattet von einer schweren Krankheit in der Schweiz. Die Bilder aus dieser Zeit tragen daher eher düstere Farben.

„Die Farbe hat mich. Ich brauche nicht nach ihr zu haschen. Sie hat mich für immer, ich weiß das. Das ist der glücklichen Stunde Sinn – ich und die Farbe sind eins. Ich bin Maler."

Paul Klee, Tagebuch, 1914

Sein Werk

Die Werke von Paul Klee lassen sich nur schwer in eine bestimmte Stilrichtung einordnen.
Seine frühen Landschaftsbilder, z. B. die zartfarbigen Aquarelle tunesischer Landschaften, waren vom Impressionismus beinflusst, später arbeitete Klee auch expressionistisch. Klee verarbeitet Gefühle und traumhafte Erlebnisse, Vorstellungen und Ahnungen. Ab 1920 sind seine Bilder weniger gegenständlich und der Natur nachempfunden, sondern werden mehr und mehr abstrakt, also nicht gegenständlich.
Häufig finden sich in Klees Bildern fantastische Gestalten, Buchstaben und Zahlen, manche Werke scheinen aus farbigen Mosaikbausteinchen zusammengesetzt zu sein. Klee bedient sich auch symbolhafter Zeichen wie Pfeile und Spiralen. Oft ähneln seine Bilder Kinderzeichnungen, da er die Köpfe übergroß darstellt und die Umrisslinien sehr betont.
Klee benutzt beim künstlerischen Gestalten vielfältige Malmittel und Materialien, wie Leinwand, Pappe, Nessel (feines, fast durchsichtiges Gewebe) und Rupfen (Gewebe aus Jute).

Paul Klee: Botschaft des Luftgeistes, 1920, 7, Ölfarbezeichnung und Aquarell auf kreidegrundiertem Papier, 23,2 x 31,2 cm, Privatbesitz

Paul Klee: Rote und weiße Kuppeln, 1915, 45, Aquarell und Gouache auf Papier, 14,6 x 13,7 cm, Kunstsammlung Nordrhein-Westfalen, Düsseldorf

1. *Suche dir eine Postkarte oder eine Abbildung, die eine Landschaft oder eine Stadt zeigt. Male sie in der Art des Künstlers Paul Klee.*

Paul Klee: Kampfszene aus der komisch-fantastischen Oper „Der Seefahrer", 1923, 123, Ölfarbezeichnung und Aquarell auf Papier, 37,5 x 51 cm, Privatbesitz

2. *Bei Klees berühmtem Bild „Der Seefahrer" erhellt der Mond die Kampfszene zwischen Mensch und Seeungeheuer. Stelle dir diese Szene am Tage vor, wenn die Sonne scheint und die Wasseroberfläche glitzert. Male das Bild nach deiner Vorstellung.*

3. *Suche in deinem Lesebuch eine Sage, ein Märchen oder eine Legende mit einer spannenden Situation oder einem geheimnisvollen Ereignis. Male ein Bild, in dem der Hell – Dunkel - Kontrast deutlich wird.*

4. *In einer griechischen Sage wird der Held Odysseus mit seinen Freunden von dem einäugigen Riesen Polyphem in einer Höhle gefangen gehalten. Sie können nur fliehen, indem sie dem Riesen das Augenlicht nehmen. Danach klammern sie sich an die Bäuche seiner Schafe, damit sie der Riese nicht ertasten kann, und werden von den Tieren aus der Höhle getragen.*
Suche den ausführlichen Text zu dieser Sage und setze eine Szene malerisch um.

Das Schreiben

Selbst im Zeitalter des Computers, des Telefons und des Handys ist ein Leben ohne die Schrift nicht denkbar – Schreiben als Kulturtechnik ist ein wichtiger und fester Bestandteil unserer Gesellschaft.

Die Schrift ist vorrangig ein Mittel, um Erlebnisse und Erinnerungen festzuhalten. Als Kommunikationsmittel dient sie dazu, sich anderen mitzuteilen, von anderen Informationen zu erhalten und sich untereinander zu verständigen.

Die Vielfalt der Schriftsysteme

In der Welt gab und gibt es zahlreiche Schriftsysteme und -kulturen. Sie reichen von Ägypten bis nach Mittelasien, von der Inselwelt des Mittelmeers bis nach China und Japan sowie Nord- und Südamerika.

Heute sind neben unseren lateinischen auch arabische, chinesische, griechische, hebräische, indische, japanische, koreanische, kyrillische und mongolische Schriftzeichen gebräuchlich. Die Schriftsysteme unterscheiden sich nicht nur durch ihre Schriftzeichen, sondern auch durch die Schreibrichtung. So setzen z. B. die Araber ihre Zeichen von rechts nach links, während in China von oben nach unten und von rechts nach links geschrieben wird.

Auch die Anzahl der Schriftzeichen variiert. So kennt das Volk der Maori in Neuseeland nur 13 Buchstaben. In China gibt es dagegen fast 50 000 Schriftzeichen, von denen heutzutage allerdings nur knapp 2000 allgemein verwendet werden.

יָּהוּ וָאֶרְאֶה אֶת־אֲדֹנָי יֹשֵׁב

Hebräische Schriftzeichen

Ибо так возлюбил Бог мир, что дал Сына Единородного, чтобы каждый верующий в Него не погиб, но имел жизнь вечную.

Kyrillische Schriftzeichen

الادارة العامة لصحة البلديات
غير قابل للبيع وزارة الدفاع

الادارة العامة لصحة
البلديات غير قابل

Varianten arabischer Schreibstile

你好，李平！
祝你生日快乐。
谢谢你的信。
我要来看你很高兴。
你的朋友
安娜

Chinesische Schriftzeichen

Ni hao, Li Ping!
Zhu ni sheng ri kuai le.
Xiexie nide xin.
Wo yao lai. Kan ni hen gaoxing
Nide pengyou
Anna

Aussprache

Hallo, Li Ping!
Alles Gute zum Geburtstag.
Vielen Dank für deinen Brief.
Ich komme gern. Freue mich, dich zu sehen
Deine Freundin
Anna

Übersetzung

Die Entwicklung unserer Schrift

Unser lateinisches Alphabet aus 26 Buchstaben und Sonderzeichen leitet sich von römischen Buchstaben ab. Diese wiederum fußen auf der griechischen Alphabetschrift, die aus den Bilder-, Symbol-, Silben- und Keilschriften des nahen Orients entwickelt wurde. Die Anfänge unserer heutigen Schrift liegen also ca. 5 000 Jahre zurück.

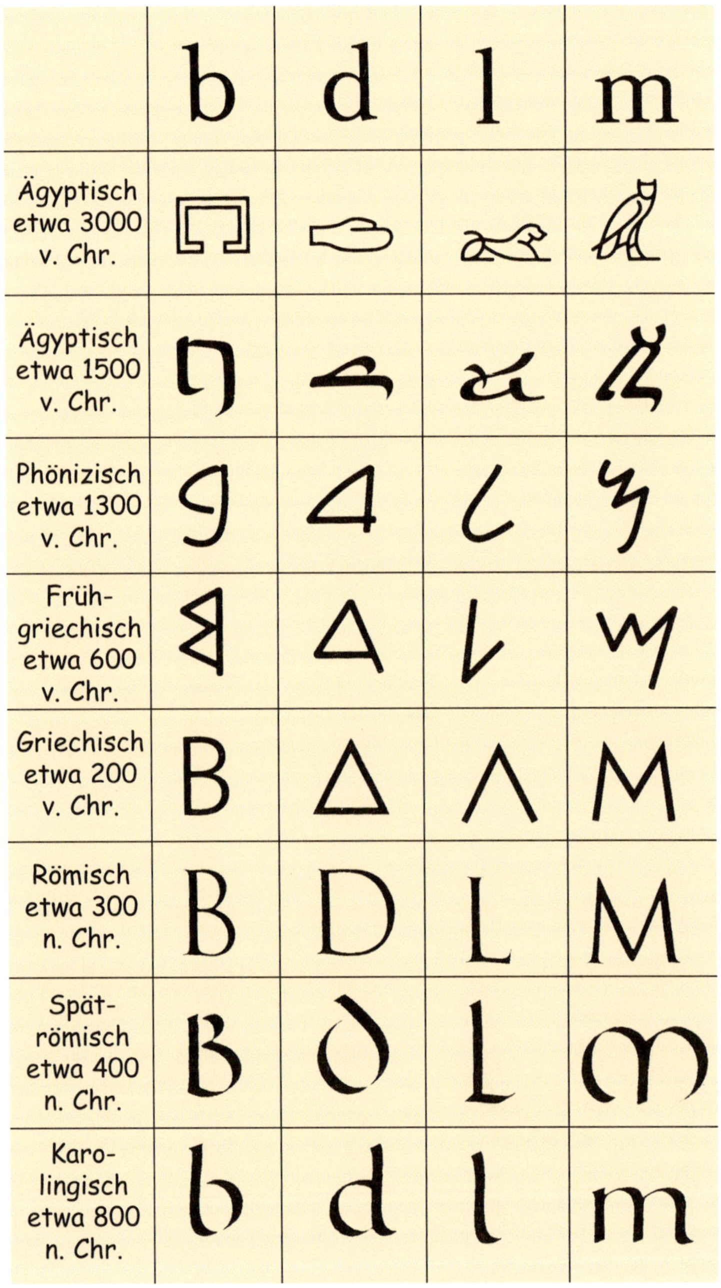

Die erste Buchstabenschrift

In Phönizien, dem heutigen Syrien, wurden ca. 1 300 v. Chr. die ersten Buchstaben ausgebildet.
Diese Entwicklung wurde durch die Wortbilderschrift (Hieroglyphen) der Ägypter und die Silbenschrift (Keilschrift) der Sumerer aus dem Gebiet Mesopotamiens beeinflusst.

Die Keilschrift

Die Sumerer werden als Erfinder der Keilschrift (um 2 900 v. Chr.) angesehen. Sie vereinfachten allmählich die ursprünglichen Symbole einer Bilderschrift und bildeten schließlich Zeichen aus keilförmigen Strichen.

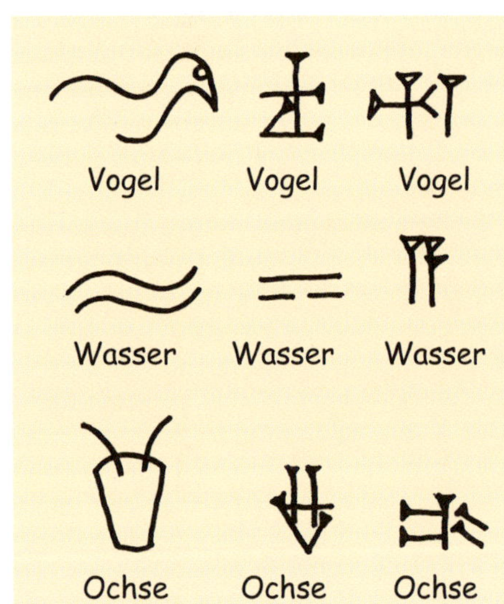

Entwicklung der Keilschrift

Die ägyptischen Hieroglyphen (ca. 3000 v. Chr. – 400 n. Chr.)

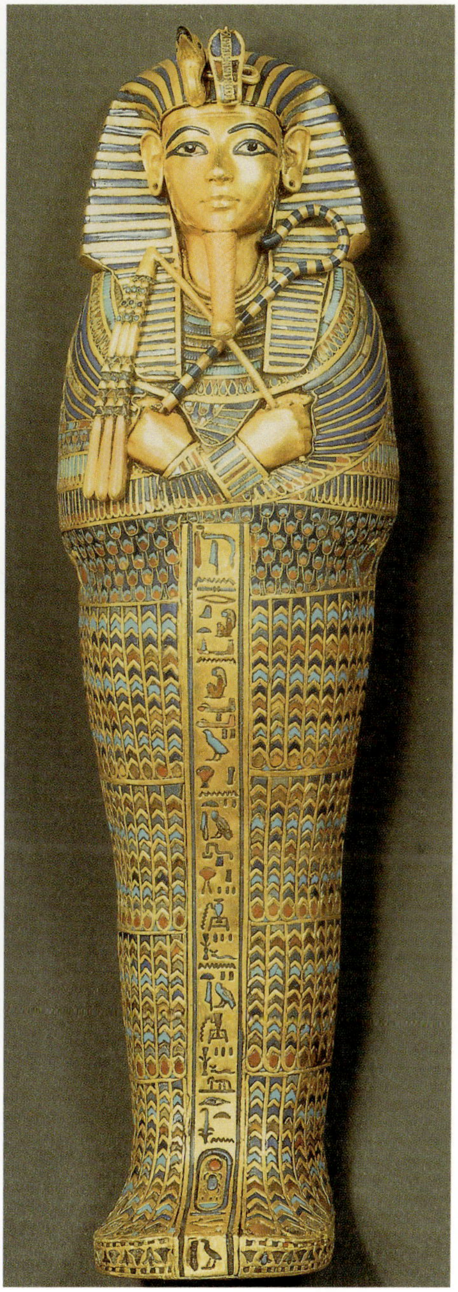

Mumienförmiger Eingeweidesarg Tutanchamuns, um 1323 v. Chr., Gold, Karneol, Obsidian, Glas, 39,5 x 11,5 x 12, 5 cm, Ägyptisches Museum, Kairo

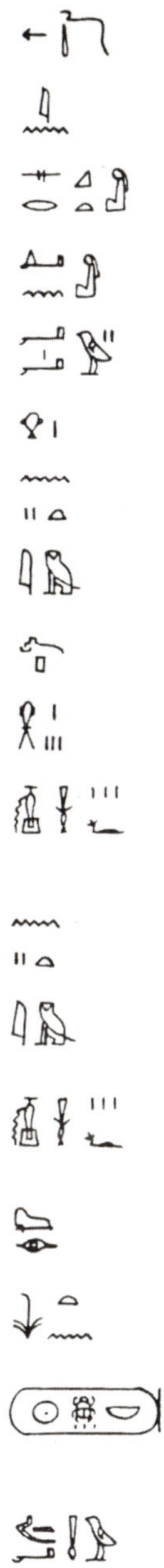

Worte zu sprechen
durch
Selket:
ich habe gegeben
(meine) beiden Arme
auf
(den), welcher
in (mir ist)
(damit) ich bereite
den Schutz
des Kebehsenuef,

welcher
in (mir ist),
des Kebehsenuef
des Osiris
(und) Königs
Nebcheperure,
des Gerechtfertigten

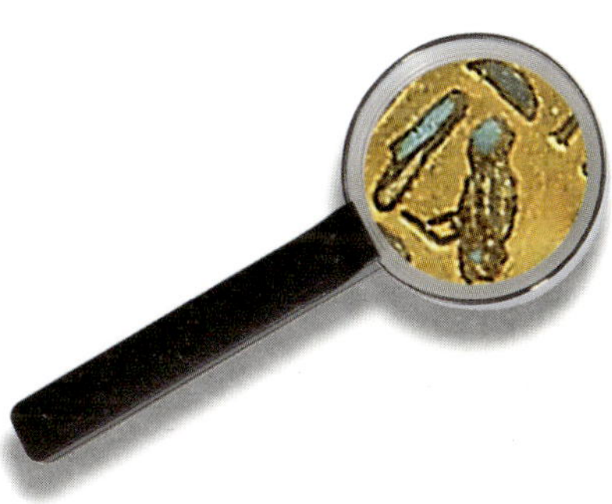

Die griechische Einheitsschrift

Bereits 403 v. Chr. existierte eine griechische Einheitsschrift mit einem Alphabet von 24 Buchstaben. Die Einzelbuchstaben gehen auf die geometrischen Grundformen Kreis, Quadrat und Dreieck zurück.

Die römische Capitalis

Die Römer entwickelten aus dem griechischen Alphabet eine Schrift mit Großbuchstaben, die so genannte Capitalis. Die große Ausdehnung des römischen Reiches und später auch die Ausbreitung des Christentums trugen dazu bei, dass weitere europäische Länder mit dieser Schrift in Kontakt kamen.

Inschrift und frühchristliche Symbole auf dem Sarkophag der Livia Primitiva, frühes 3. Jahrhundert, Rom

1. *Rolle eine faustgroße Tonkugel zu einer Tonplatte aus. Ritze oder drücke mit einem geeigneten Gegenstand Schriftzeichen in die „Tontafel". Anregungen findest du auf den vielen Abbildungen dieses Kapitels.*

Die karolingische Minuskel

Erst um 800 n. Chr. entwickelte sich in Europa – unterstützt von Karl dem Großen – eine Schrift aus Kleinbuchstaben (Minuskeln).

Die lateinische Schreibschrift

Aus der römischen Großbuchstabenschrift und den verschiedenen Minuskeln entstand letztendlich die lateinische Schreibschrift mit Groß- und Kleinbuchstaben, die 1950 als Schulschrift in Deutschland eingeführt wurde.

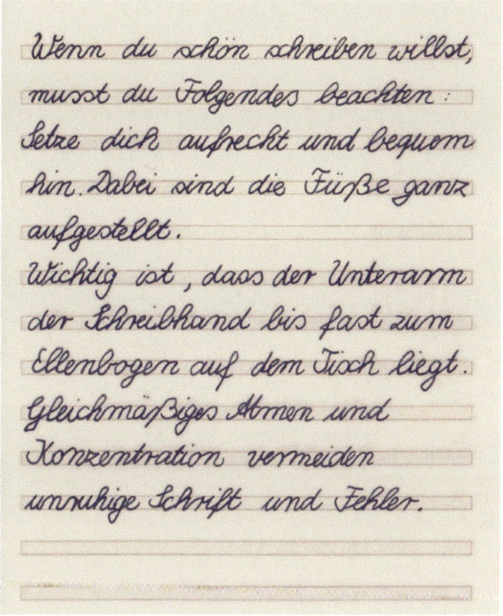

Lateinische Schreibschrift

Karolingische Minuskel, Bibel um 840

2. *Die beiden Anfangsbuchstaben deines Namens kuscheln sich eng aneinander. Umrande sie mit deinen Lieblingsfarben und gestalte die Buchstaben in einem deutlichen Kontrast zum Hintergrund.*

3. *Du kennst sicher die Buchstabensuppe.*
Kannst du dir auch einen bunten Buchstabenteppich vorstellen? Setze die zahlreichen Buchstaben des Alphabets in Zeilenform untereinander. Verziere, verkleide und verwandle die Buchstaben mit Wasserfarben, Wachsmalkreiden oder Faserstiften.

Schreibe und gestalte selbst

1. *„Schatzkarte"*
Du bist der Pirat „Einauge" und hast gerade deinen Schatz auf einer kleinen Insel versteckt. Damit du oder deine Nachfahren ihn später wiederfinden können, fertigst du eine Schatzkarte an. Darauf lassen sich Berge, Täler, Flüsse, Pflanzen und andere Besonderheiten erkennen. In der Legende erklärst du in einer Geheimschrift und mit erfundenen Geheimzeichen den Weg zum Versteck.

2. *„Indianer auf Kriegspfad?"*
Übersetze den unten abgebildeten Text. Orientiere dich dabei am indianischen Alphabet und den Ziffernzeichen 1 – 0.

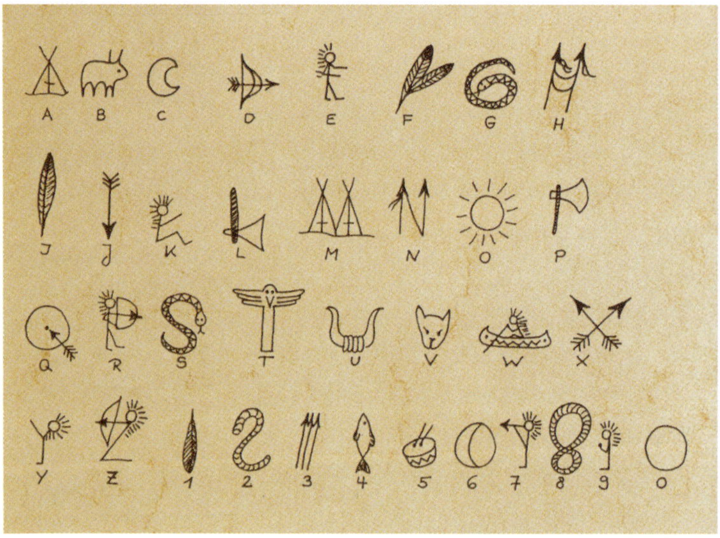

3. *„Post für die tapfere Wildkatze"*
Du schreibst deiner indianischen Freundin einen Brief, in dem du ihr mitteilst, was du gerne mit ihr in den Ferien unternehmen möchtest. Noch schöner sieht der Brief aus, wenn du die Zeichen und Figuren bunt gestaltest.

4. *„Geheimschrift"*
Du und dein Banknachbar seid Mitglieder eines Geheimbundes. Entwickelt gemeinsam eine eigene Schrift und verfasst damit eine Botschaft, die nur lesen kann, wer euer Geheimalphabet kennt. Vielleicht gibt es auch Detektive in eurer Klasse, die ohne eure Hilfe den Text entschlüsseln können.

Gaunerzinken, Piktogramme und Strichcodes

Gaunerzinken

Gaunerzinken sind geheime Zeichen aus dem Mittelalter, die sich bis in die Gegenwart erhalten haben. Kreise, Kringel, Linien und andere sonderbare Zeichen an Haus- und Wohnungstüren sind oft kaum so groß wie ein Fingernagel und doch unmissverständliche Zeichen für Eingeweihte. Damit werden Informationen über die Wohnungs- bzw. Hausbesitzer weitergegeben. Mit dieser Geheimschrift für Gauner, Bettler, Hausierer und Landstreicher entstand mit wenigen Strichen eine internationale Bildsprache, die auch diejenigen lesen können, die der jeweiligen Landessprache nicht mächtig sind. Solche Zeichen bedeuten selten etwas Gutes und sollten daher entfernt werden.

Gaunerzinken

Piktogramme

Es hat Jahrhunderte gedauert, bis sich eine Buchstabenschrift entwickelt hat. In der heutigen Zeit jedoch werden Bildsymbole wieder wichtig, da durch das Zusammenwachsen der Länder, durch das Reisen und durch die neuen Medien überall verständliche Symbole die Verständigung erleichtern sollen.

Piktogramme

Gerade auf Flughäfen, in Bahnhöfen, in Häfen, Hotels, Einkaufszentren und anderen öffentlichen Gebäuden helfen eindeutige, vereinfachte Zeichen bei der Orientierung. So findest du am Bahnhof ohne fragen zu müssen das Restaurant, die Toilette, den Bahnsteig, das Telefon oder die Gepäckaufbewahrung.
Andere Bildzeichen weisen deutlich darauf hin, wo geraucht werden darf und wo man parken kann. Verkehrszeichen sind ebenfalls Bildzeichen. Sie tragen dazu bei, dass man sich möglichst gefahrlos im Verkehr bewegen kann. Auch jede Sportart wird durch ein eigenes Symbolzeichen versinnbildlicht.

Strichcode

Durch den Computer und die Laser-Technologie ist es heute möglich, umfangreiche Informationen und Daten durch die Strichcode-„Schrift“ darzustellen.

Strichcode

Die Schrift in der Kunst

Kasimir Malewitsch: Ein Engländer in Moskau, 1914, Stedelijk Museum, Amsterdam

Um 1915 entstand in den Großstädten Europas und Amerikas eine neue Kunstrichtung: Der Dadaismus. Künstler und Schriftsteller arbeiteten gemeinsam und schufen dabei z.B. Lautgedichte. In diesen phonetischen Gedichten wird Sprache nicht mehr als reines Verständigungsmittel eingesetzt. Vielmehr sollten durch die Schreibweise der Buchstaben Klang und Lautstärke ausgedrückt werden.
Raoul Hausmanns „Optophonetisches Gedicht" ist ein Beispiel für solch ein "seh- und hörbares" Gedicht.

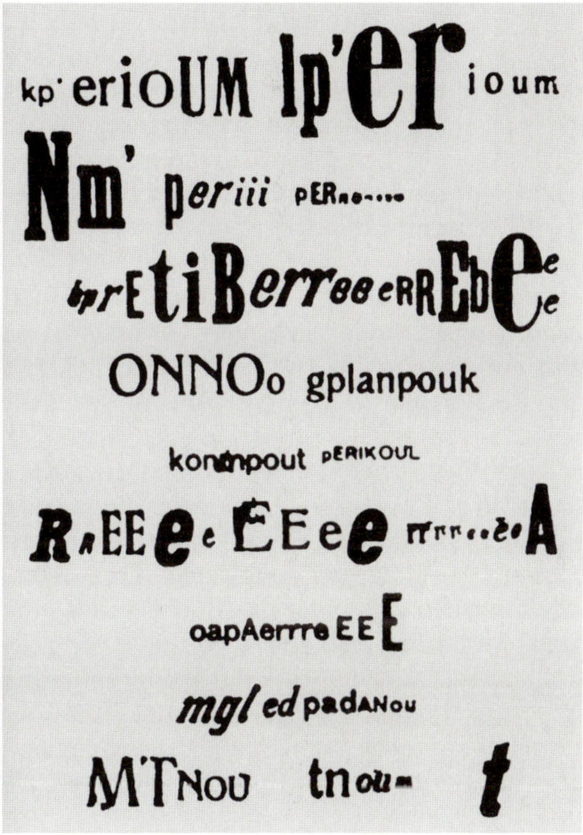

Raoul Hausmann (1886-1971), Optophonetisches Gedicht, 1920

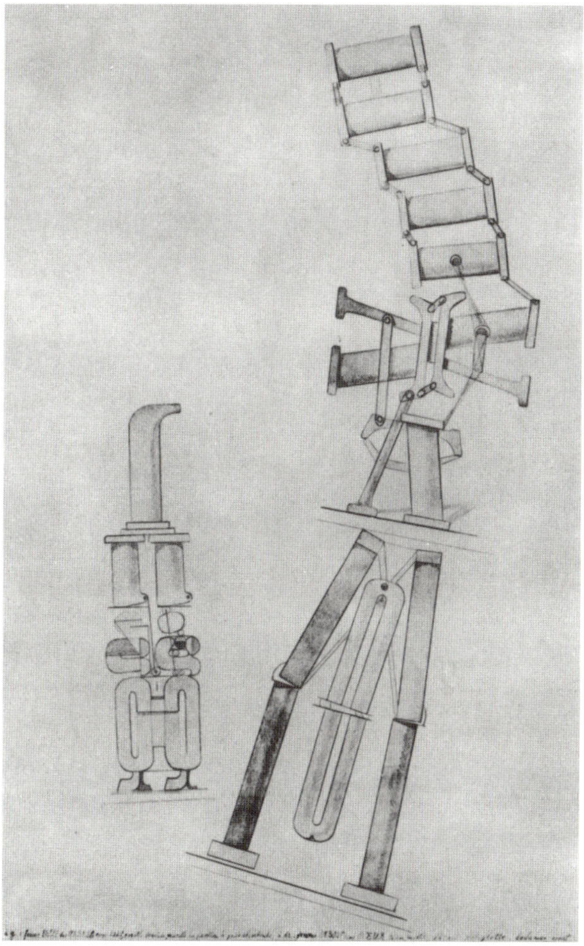

Max Ernst: Erectio sine qua non, Bleistift, Aquarell, Frottage, Collage, 1919, 46,7 x 50,8 cm

1. *Lies das Gedicht laut vor, indem du die Sprechgeschwindigkeit, den Klang und die Lautstärke deiner Stimme dem Schriftbild entnimmst.*

2. *Max Ernst setzt in seinem Bild Buchstaben als Bauelemente ein.*
Welche Wirkungen erzielt der Künstler dadurch?
Gestalte selbst einen Buchstabenturm.

Die Entwicklung des Druckens

Split Reck Gallery, Laura, N. Queensland, Australia

Drucken ist eine Technik, um Motive wie Linien, Flächen, Muster oder Buchstaben beliebig oft auf einen Untergrund zu übertragen. Die einfachste Art, mit der ein Motiv mehrfach erzeugt werden kann, ist das Benutzen eines Stempels oder einer Schablone. Dieses Prinzip wurde bereits bei den Höhlenmalereien verwendet: Die Steinzeitkünstler färbten ihre Hände ein und drückten sie auf die Höhlenwände oder benutzten sie als Schablonen. Dadurch konnte ohne Aufwand dasselbe Motiv wiederholt werden.

Das Vervielfältigen einer Vorlage ist vorteilhaft, um größere Mengen davon herzustellen. Der Kaufmann und Erfinder Johannes Gutenberg (ca. 1400 – ca. 1486) aus Mainz entwickelte um 1440 den Buchdruck. Mit seiner Druckmaschine konnten Bücher nun in größerer Anzahl gedruckt und verbreitet werden. Wie bei einem Setzkasten in der Schule „setzte" er die Einzelbuchstaben (Lettern) aus Metall nebeneinander und gestaltete daraus Texte. Die Lettern wurden mit schwarzer Druckfarbe eingewalzt und anschließend auf Papier gedruckt. Bildliche Darstellungen ließen sich durch geschnitzte Druckstöcke aus Holz vervielfältigen. Das erste gedruckte Buch war die Bibel. Durch die Erfindung des Buchdruckes entfiel das mühselige und zeitraubende Abschreiben und Abzeichnen von religiösen und wissenschaftlichen Büchern, bis dahin eine der Hauptaufgaben der Klöster.
Der Anteil an bildlichen Darstellungen nahm immer mehr zu. Schließlich gewann das Drucken auch als künstlerische Ausdrucksform an Bedeutung.

Buchdruckerwerkstatt im 15. Jahrhundert, Kupferstich aus der Chronik des Johann Ludwig Gottfried, 1674

Seite aus einer 42-zeiligen lateinischen Bibel („Gutenbergbibel") in Missalschrift, 2-spaltig, vollendet gegen 1455 in Mainz

Heute erleichtert der Computer die Arbeit des Setzers und moderne Druckmaschinen haben das aufwändige Druckverfahren Gutenbergs abgelöst.

Der Hochdruck

Es gibt verschiedene Drucktechniken. Eine davon, den Hochdruck, hast du sicher schon einmal selbst ausprobiert. Bestreiche z. B. ein Blatt eines Baumes auf der Unterseite mit Farbe, lege es auf Papier und drücke es mit der Hand leicht an. Beim Abheben wirst du feststellen, dass sich die erhöhten (erhabenen) Stellen wie äußere Form, Stängel und Blattadern stärker auf dem Untergrund abgedruckt haben als andere. Die Farbe auf diesen erhabenen Stellen kam eher mit der Papieroberfläche in Berührung als die Farbe in den Vertiefungen. Da allerdings bei einem Blatt die Unterschiede zwischen den erhabenen und den tieferen Stellen nicht so groß sind, werden auch die Vertiefungen leicht mitgedruckt.

Bei einem echten Hochdruck bringen nur die erhabenen, eingefärbten Stellen des Druckstockes die Farbe auf den Untergrund. Deshalb werden beim Druckstock durch Einschneiden und Ausheben alle Teile entfernt, die später beim Drucken weiß bleiben sollen. Erhabene Teile entstehen auch, wenn du die Materialoberfläche bei z. B. Pappe oder Karton mit einem Kugelschreiber oder einem Rundholz eindrückst.
Die Farbe haftet nur auf den erhabenen Stellen, die nicht weggenommen oder eingedrückt wurden. Beim Drucken überträgt sich die Farbe dann auf das Papier.
Je nach Qualität und Material des Druckstockes wie beispielsweise Holz, Linoleum, Styropor, Seife oder Kartoffeln, kann eine Vielzahl von Drucken angefertigt werden.
Die bekanntesten künstlerischen Hochdrucktechniken sind der Linoldruck und der Holzschnitt.

Auf die erhabenen Stellen des Druckstockes wird mithilfe einer Walze Farbe aufgetragen.

Darauf wird Papier gelegt.

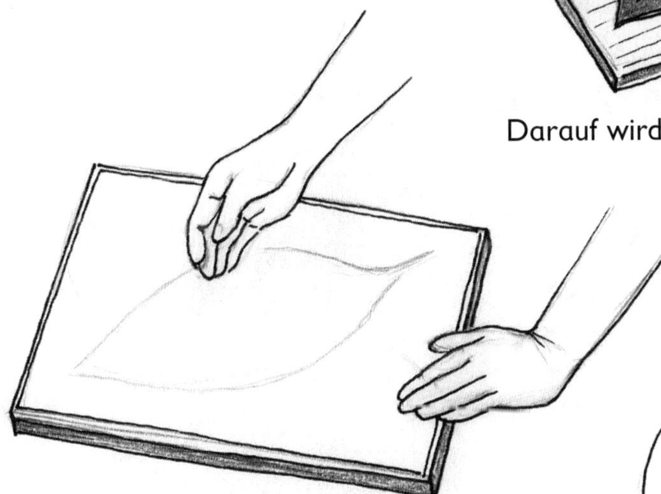

Das Papier wird von der Mitte nach außen leicht angedrückt. Anschließend erfolgt das Abdrucken der Farbe mit einer sauberen Walze, einem Löffel oder einem Falzbein.

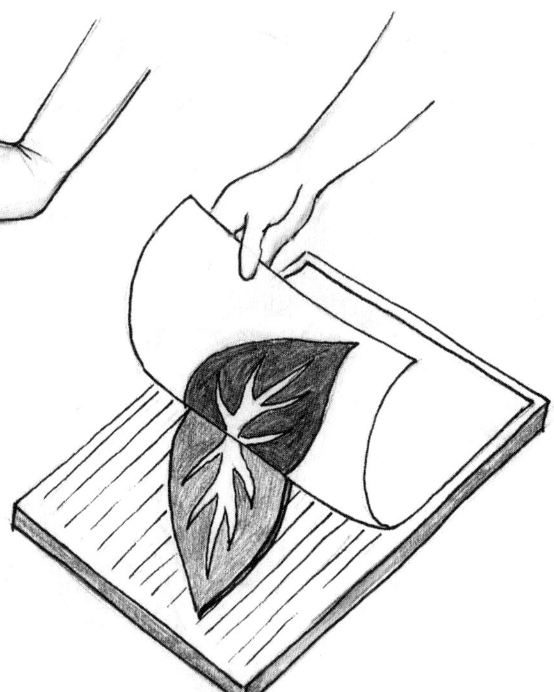

Am Ende wird der Druck vorsichtig vom Druckstock abgezogen.

In der Schule wird als Material für den Druckstock häufig eine Linoleumplatte eingesetzt. Hier siehst du eine Druckplatte und den Druck.

Druckstock aus Linoleum

Schülerarbeit, Linoldruck

Im künstlerischen Bereich ist der Holzschnitt weit verbreitet. Mit speziellen Schnitzwerkzeugen oder Maschinen werden dabei die Holzteile entfernt, die nicht drucken sollen.

Max Beckmann: Gruppenbildnis, Edenhotel, 1923, 48,5 x 49,2 cm, The Art Institute of Chicago

Der Materialdruck

Eine andere Möglichkeit des Hochdruckes ist der Materialdruck. Dafür werden erhöhte Stellen auf einer festen Unterlage geschaffen, indem man Gegenstände wie Knöpfe, Kordel, Wellpappe, Karton, Rinde oder Drahtgitter aufklebt. Nach dem Einwalzen mit Farbe wird Papier auf den so entstandenen Druckstock gelegt und von der Rückseite her angedrückt.
Bei dieser Schülerarbeit wurde der Druckstock nicht eingefärbt, sondern stattdessen ein Blatt Papier aufgelegt. Dieses Blatt wurde anschließend mit einer eingefärbten Walze abgerollt. Das Druckergebnis wird dadurch „zarter", ähnlich der Frottage (Durchreibeverfahren).

1. *Lege zuerst ein Stück Karton bereit. Suche verschiedene Materialien und gestalte mit deinen Fundstücken ein Bild nach Art einer Collage. Klebe die Materialien dann auf den Karton und achte darauf, dass die erhabenen Stellen ungefähr auf gleicher Höhe sind.*

2. *„Der Mond verbreitet sein weißes Licht über eine alte Stadt. Eine Häuserzeile hebt sich deutlich vom hellen Hintergrund ab, einige Fenster und Türen sind hell erleuchtet".*
Bei dieser Arbeit kannst du für den Druckstock und die Motive Karton verwenden.

3. *Bildermemory*
Suche geeignete Materialien, die beim Abdrucken Muster erzeugen (z. B. Tortendeckchen, Kartoffelsackleinen, Knöpfe, Stoffreste). Bereite weiße Kartonkärtchen in der Größe von 6 x 6 cm vor. Auf jeweils zwei dieser Quadrate druckst du dasselbe Motiv. Zur besseren Haltbarkeit sollten die Spielkarten mit selbstklebender Folie überzogen oder maschinell laminiert werden. Und dann kann es losgehen.

Schülerarbeit, Materialdruck

56

Der Kartoffeldruck

Die Kartoffel ist ein Druckmaterial, das du leicht bearbeiten kannst. Mit geringem Aufwand und Material lassen sich mit alltäglichen Werkzeugen Druckformen schneiden. Der einfachste Kartoffelstempel ist eine halbierte rohe Kartoffel. Mit den eingefärbten Schnittflächen können regelmäßige Muster oder zusammengesetzte Formen und Figuren gedruckt werden. Sich wiederholende Formen wie z. B. die Schuppen eines Fisches oder Dachziegel lassen sich mit dieser Technik schnell umsetzen. Auf diese Weise entfällt das mühsame Ausmalen immer gleicher Grundformen.

Schülerarbeit, Kartoffeldruck

Du benötigst eine gewaschene, mittelgroße Kartoffel und ein Gemüsemesser. Bereite die Kartoffel wie auf der Skizze vor. Stemple nun Vierecke dicht nebeneinander. Beginne dabei mit einer beliebigen Farbe und verändere sie durch Mischen nach und nach so, dass schließlich die Komplementärfarbe erreicht wird.

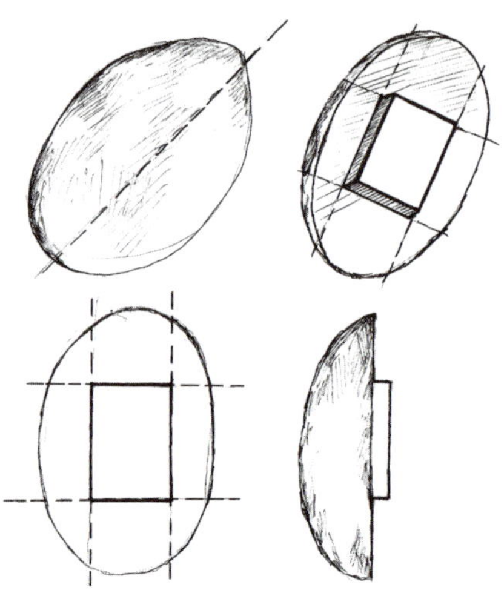

Kartoffeldruck mit verlorenem Druckstock

Arbeitsmaterialien

Erster Schnitt

Herausschneiden einer Form

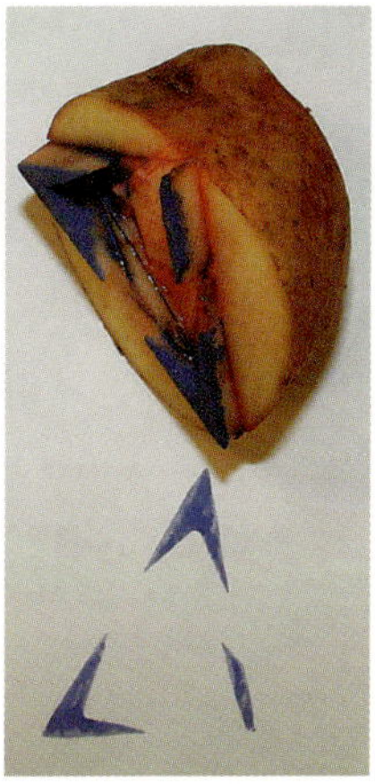

Weiteres Wegnehmen des bestehenden Stempels

1. Druck = Orange, 2. Druck = Rot, 3. Druck = Blau

Stelle ein ausgefallenes Schmuckpapier her, indem du das oben gezeigte Prinzip anwendest und dafür drei Farben wählst.

Tipp:
Beginne beim Drucken mit der hellsten Farbe.

Spielregeln zur „Kunstrallye"

1. Ihr könnt die Kunstrallye mit 2 bis 4 Personen spielen.
2. Wenn ihr keine Spielfiguren zur Hand habt, könnt ihr die Kappen eurer Faserstifte, den Radiergummi, Spitzer usw. als Spielfiguren benutzen.
3. Die Rallye startet links unten beim Pinsel. Jeder von euch würfelt einmal. Die höchste Punktzahl beginnt. Dann ist der Nächste an der Reihe.
4. Immer wenn du ein Fragefeld erreichst, musst du die Frage beantworten. Weißt du die Antwort nicht, musst du um deine gewürfelte Augenzahl wieder zurück. Bei einer falschen Lösung heißt es einmal aussetzen.
5. Sieger ist derjenige, der als Erster die Malerpalette erreicht.
6. Die Lösungen zu den Fragen kannst du auf der Lösungsseite überprüfen.
7. Ihr könnt euch auch eigene Spielregeln ausdenken.

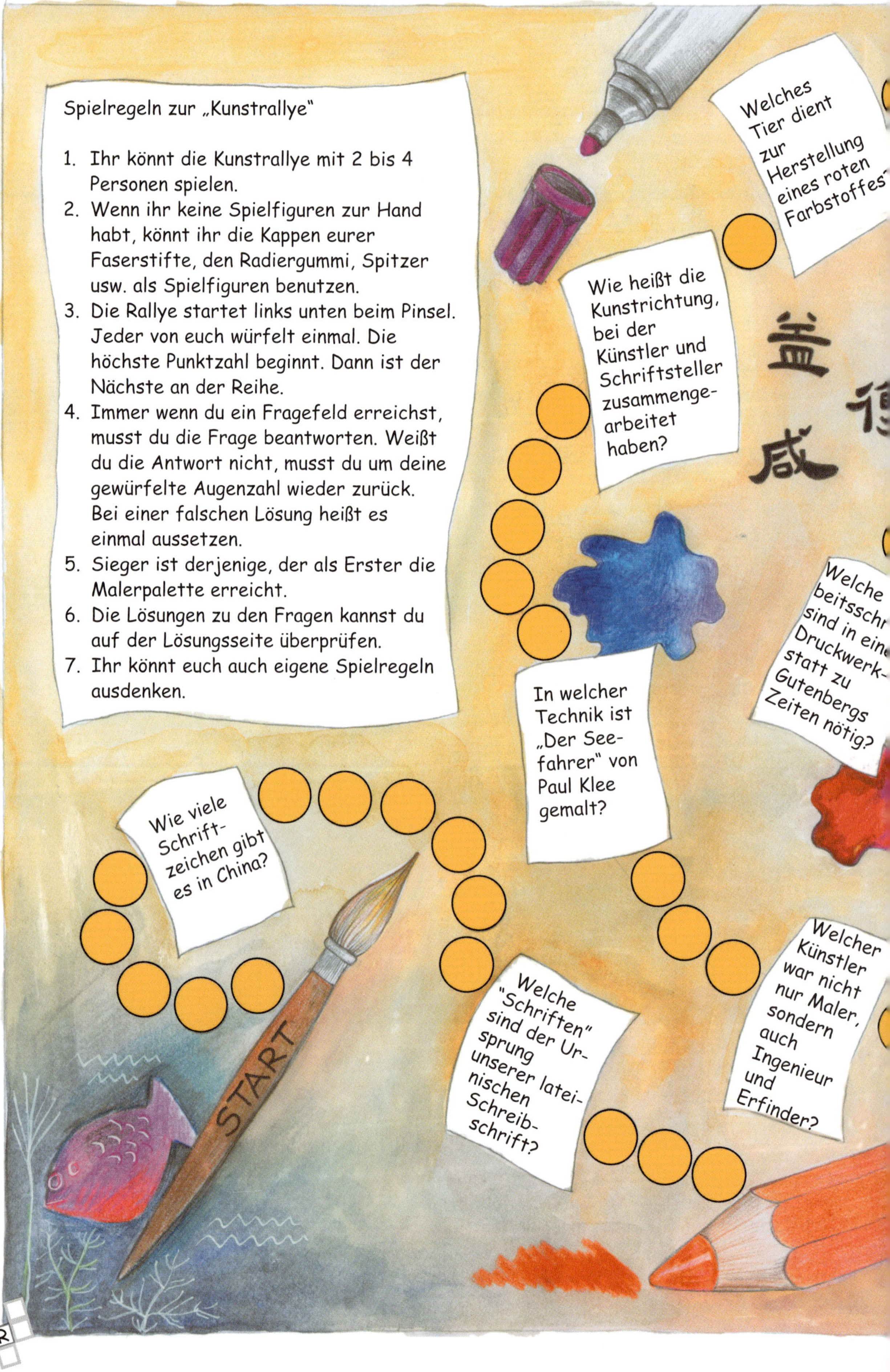

Wie heißen Bildsymbole, die eine Verständigung auch ohne Sprache ermöglichen?
Was ist ein „verlorener" Druckstock?
Welcher Künstler hat seine Mutter gemalt?
Welche Farben galten im Mittelalter als besonders kostbar?
Welche Bilder wurden in Lascaux entdeckt?
Bei welcher Malweise ist die Farbe durchscheinend?
Wie nennt man die Technik, bei der nur die erhabenen Stellen gedruckt werden?
Welcher Künstler schuf das Werk „Ein Sonntagnachmittag auf der Insel Grand Jatte"?
Nenne zwei „warme" und zwei „kalte" Farben.
1

Kreuz und quer durch dein Kunstbuch

Beantworte zunächst alle Fragen. Die Zahl in Klammern gibt an, welchen Buchstaben der Antwort du dir notieren sollst. Die Lösungsbuchstaben ergeben in der richtigen Reihenfolge einen Lösungssatz. Wie heißt er?

Schrift ist auch ein ...smittel. (8)

Wer schreibt von rechts nach links? (3)

Ein anderes Wort für Graphitstift: (6)

Der Erfinder des Buchdrucks: (2)

Wie heißt die Schrift aus Kleinbuchstaben? (3)

Die Erfinder der Keilschrift: (3)

Die „Geheimschrift" der Gauner: (2)

Eine der drei Grundfarben: (3)

Vorname von Arcimboldo: (4)

Die Malereien von Steinzeitmenschen entdeckte man in: (4)

Die „computerlesbare" Schrift heißt: (5)

Eine „unbunte" Farbe: (1)

Wer malte das Bild „Der Seefahrer" (Vorname)? (1)

Bei welcher Malweise wollten die Künstler den Augenblick einfangen? (6)

Die Technik des transparenten Farbauftrags nennt man auch: (3)

Ein lustiges Bilddiktat

Setzt euch zu einer Gruppe von vier bis fünf Teilnehmern zusammen. Einer oder eine aus der Gruppe übernimmt die Rolle der „Lehrkraft“ und diktiert euch Anweisungen:

1. Das Blatt liegt im Hochformat vor dir.
2. Als Arbeitsmaterial hast du dir einen Bleistift zurecht gelegt.
3. Zeichne nach der Beschreibung.

Du beginnst an der unteren linken Ecke des Blattes und zeichnest senkrecht nach oben bis etwa zur Blattmitte eine schlangenförmige Linie.
An diese Linie schließt sich eine nach rechts gebogene halbkugelförmige Linie.
Von dieser Biegung aus zeichnest du einen weiteren, etwas größeren Halbkreis.
Daran anknüpfend zeichnest du vier gleich große Rechtecke, die nach oben hin geöffnet sind.
Vom letzten Rechteck aus führst du die Linie zurück zum oberen Ende der Schlangenlinie und ziehst dann eine weitere Linie ebenfalls in geschwungener Form bis zum Anfang deiner Zeichnung.
Zum Schluss kannst du beliebige Striche oder Linien in deine Zeichnung einfügen, um eine Figur oder ein Wesen zu gestalten.

1. *Was ist bei diesem Bilddiktat entstanden? Vergleicht eure Ergebnisse.*
2. *Fällt euch selbst auch ein Diktat ein?*
3. *Dieses Tier hat ein Schüler nach einem Bilddiktat gezeichnet. Überlege dir den dazu passenden Diktattext. Schreibe den Text auf und lasse eine Freundin oder einen Freund danach zeichnen.*

Lösungen

Kunstrallye

Wie viele Schriftzeichen gibt es in China?
S. 41

Welche „Schriften“ sind der Ursprung unserer lateinischen Schreibschrift?
S. 45

Nenne zwei „warme“ und zwei „kalte“ Farben. **S. 15**

Welcher Künstler schuf das Werk „Ein Sonntagnachmittag auf der Insel Grand Jatte“? **S. 28**

Wie nennt man die Technik, bei der nur die erhabenen Stellen gedruckt werden?
S. 52

Was ist ein „verlorener“ Druckstock?
S. 57

Wie heißen Bildsymbole, die eine Verständigung auch ohne Sprache ermöglichen? **S. 47**

Welches Tier dient zur Herstellung eines roten Farbstoffes? **S. 18**

In welcher Technik ist „Der Seefahrer“ von Paul Klee gemalt? **S. 39**

Wie heißt die Kunstrichtung, bei der Künstler und Schriftsteller zusammengearbeitet haben? **S. 49**

Welcher Künstler war nicht nur Maler, sondern auch Ingenieur und Erfinder?
S. 5

Bei welcher Malweise ist die Farbe durchscheinend? **S. 25**

Welche Bilder wurden in Lascaux entdeckt? **S. 32**

Welcher Künstler hat seine Mutter gemalt? **S. 8**

Welche Farben galten im Mittelalter als besonders kostbar? **S. 19**

Welche Arbeitsschritte sind in einer Druckwerkstatt zu Gutenbergs Zeiten nötig? **S. 50**

Kreuz und quer

1. Schrift ist auch ein ...smittel.
   Kommunikation (S. 40)
2. Der Erfinder des Buchdrucks:
   Gutenberg (S. 50)
3. Wie heißt die Schrift aus Kleinbuchstaben?
   Minuskel (S. 45)
4. Vorname von Arcimboldo:
   Giuseppe (S. 12)
5. Ein anderes Wort für Graphitstift:
   Bleistift (S. 7)
6. Die Erfinder der Keilschrift:
   Sumerer (S. 42)
7. Wer schreibt von rechts nach links?
   Araber (S. 41)
8. Die „computerlesbare“ Schrift heißt:
   Strichcode (S. 47)
9. Die Malereien von Steinzeitmenschen entdeckte man in:
   Höhlen (S. 32)
10. Eine der drei Grundfarben:
    Rot (S. 14)
11. Bei welcher Malweise wollten die Künstler den Augenblick einfangen?
    Impressionismus (S. 28)
12. Wer malte das Bild „Der Seefahrer“ (Vorname)?
    Paul (S. 39)
13. Die „Geheimschrift“ der Gauner:
    Gaunerzinken (S. 47)
14. Eine „unbunte“ Farbe:
    Schwarz (S. 14)
15. Die Technik des transparenten Farbauftrags nennt man auch:
    lasieren (S. 25)

Lösung von Seite 33:
JAGDZAUBER

A

Abstrakte Kunst
(von lat. abstrahere = abziehen, wegziehen, entfernen, trennen) Eine von der Wirklichkeit, vom Gegenstand „abgezogene“ Kunst, nicht gleichbedeutend mit gegenstandsloser Kunst. Es geht nicht mehr um das Abbilden von Gegenständen; Dinge werden auf die äußerste Abkürzung, auf Grundformen, Chiffren und Andeutungen zurückgeführt. Selbstständige Kunstform seit 1910, realisiert und begründet von Wassily Kandinsky.

Acrylfarben
Lösungsfreie Kunstharzfarben, die mit Wasser verdünnt werden können. Acrylfarben trocknen rasch auf und sind dann wasserunlöslich, witterungs- und alterungsbeständig, hochelastisch, gut haftend und lichtecht. Die Farben eignen sich sowohl zu deckendem als auch (verdünnt) zu lasierendem Auftrag.

C

Code
System zum Verschlüsseln von Nachrichten und Informationen zum Zwecke ihrer Speicherung, z. B. Morsealphabet, Diskette, Preisetikett.

Collage
(von frz. coller = kleben, aufkleben) Bild, das ganz oder teilweise aus aufgeklebten, meist flächigen Materialien (z. B. buntes Papier, Gewebe, Blätter, Zeitungssausschnitte) besteht. Die aufgeklebten Materialien werden häufig zeichnerisch oder malerisch überarbeitet.

D

Dadaismus
Kunstbewegung von Schriftstellern und Malern zwischen 1916 und 1925, die sich gegen bürgerliche Lebensformen und kulturelle Traditionen wandte. Dabei schockierten die Künstler durch unsinnige Aktionen und ausgefallene Gedichte und Bilder.

Der Blaue Reiter
Name einer 1911 in München gegründeten expressionistischen Künstlervereinigung um Wassily Kandinsky und Franz Marc; auch Titel eines Gemäldes von Kandinsky, einem blauen Reiterbild, das den Hl. Georg darstellt.

Dispersionsfarbe
Wasserfeste, besonders gut deckende Anstrichfarbe; die Farbstoffe selbst sind häufig mit einer wässrigen Flüssigkeit vermengt.

E

Entartete Kunst
Die von den Nationalsozialisten (pol. Organisation in den 30er und 40er Jahren) verfemte Kunst; hierzu zählte die Kunst der Expressionisten, Fauvisten, Kubisten, Dadaisten und der Abstrakten. Werke dieser Kunstrichtungen wurden von der NS-Regierung aus den Museen entfernt. Die Maler wurden in der Öffentlichkeit bloßgestellt und mit einem Berufsverbot belegt.

Expressionismus
(von lat.: expressio = Ausdruck), Stilrichtung in der Kunst der ersten Jahrzehnte des 20. Jhdts.; der Expressionismus war eine Reaktion auf die sog. „Oberflächlichkeit“ des Impressionismus. Statt die Dinge in ihrer flüchtigen Erscheinung zu erfassen, suchte der E. gefühlsmäßige Wirkungen. Soziales Engagement und starke innere Gefühle sollten in ihrer Kunst zum Ausdruck gebracht werden. Heftige Pinselstriche, starke, oft grelle Farben, die nicht den Gegenstandsfarben entsprachen, und verzerrte, grobe Formen waren Kennzeichen der Malerei und der Grafik.

F

Farbkreis
Zwölfteiliger, gleichabständiger Farbkreis nach Johannes Itten, in welchem jede Farbe ihren unverwechselbaren Platz einnimmt. Die Farben folgen der Ordnung des Regenbogens.

filigran
(lat. filum = Faden, granum = Korn) Zierwerk aus Gold- und Silberdraht.

Firnis
Schutzschicht zwischen einzelnen Farbaufträgen oder als schützende Schlussbehandlung bei Öl- und Temperamalerei. Besteht aus einer Harzlösung.

G

Gouachemalerei
(lat. aquatio = das Wasserholen, bewässern; ital. guazzo = Wasserplatz; frz. gouache = Wasserfarbenmalerei) Malerei mit deckenden Wasserfarben, hellt durch Zusätze (z. B. Tonerde, Zinkweiß) beim Trocknen stark auf und ergibt eine luftige, dem Pastell ähnliche Wirkung. Heute fast völlig durch die Deckfarben verdrängt.

Graphit
(griech.) Mineral, entstanden überwiegend durch die Umwandlung von Kohle; schwarzgrau, metallisch glänzend, sehr weich; wird u. a. für Bleistiftminen oder als Gleit- und Schmiermittel verwendet.

G **Grundfarben**
Gelb, Rot und Blau sind die Grundfarben, die Farben 1. Ordnung oder auch Primärfarben genannt werden, weil man sie nicht durch eine Mischung erhalten kann.

I **Impressionismus**
(von frz. impression = Sinneseindruck, Empfindung) Stilrichtung der Malerei, die Ende des 19. Jahrhunderts in Frankreich entstand; statt im Atelier wurde im Freien vor der Natur gemalt, um die Atmosphäre und Lichtverhältnisse des Augenblicks festzuhalten; Verwendung von hellen, ungetrübten Farben.

K **Kommunikation**
allg.: Verbindung, Verbundenheit; Austausch von Informationen jeglicher Art, auch zwischen Tieren.

L **Lasurfarben**
nichtdeckende Farben, die den Untergrund durchscheinen lassen; auch glasklarer, harter Lacküberzug zum Schutz vor Holz.

Letter
(lat. littera = Buchstabe) ein aus Blei gegossenes Stäbchen, das an einer Stirnseite das erhabene, seitenverkehrte „Bild" eines Buchstabens oder anderen Schriftzeichens trägt, auch „Type" genannt; Grundelement des Buchdruckes.

O **Odysseus**
Griech. Sagenheld des trojanischen Kriegs, der erst nach zehnjähriger Irrfahrt („Odyssee") in die Heimat zurückkehrte.

P **Pigmente**
Technik: praktisch unlösliche, mikroskopisch kleine, feste Farbteilchen; dienen durch feinste Verteilung (Dispersion) in Bindemitteln (z. B. Leinöl) zum farbigen Auftrag auf Gegenstände.
Biologisch: Farbsubstanz in tierischen oder pflanzlichen Geweben.

Pointillismus
(von frz. point = Punkt) In den 80er Jahren des 19. Jhdts. von George Seurat entwickelte Malweise, bei der viele Punkte aus reinen Farben nebeneinandergesetzt werden, die sich dem Auge des Betrachters zu Mischtönen und farbigen Flächen verbinden.

Pompeji
Antike Stadt am Fuße des Vesuvs, Süditalien; 79 n Chr. durch Vesuvausbruch verschüttet. Nach ersten Funden und Grabungen (um 1600 und nach 1748) bieten systematische Ausgrabungen seit 1860 das Bild einer wohlhabenden römischen Kleinstadt.

Pop-Art
(engl.: populäre Kunst), in den 50er Jahren des 20. Jahrhunderts in England und den USA entwickelte Kunstrichtung. Reklame, Werbung, Massenmedien, Comics und die Photographie fanden Einzug in diese Kunstrichtung.

S **Sekundärfarben**
Orange, Violett und Grün werden als Sekundärfarben (auch: Farben 2. Ordnung) bezeichnet. Sie werden aus je zwei Primärfarben gemischt.

Siebdruck
Manuelles, bzw. maschinelles Druckverfahren. Die Druckform besteht aus einem Sieb, d. h. aus einem über einen Rahmen gespanntes Gewebe (Nylon o. Ä.), das an den nicht druckenden Stellen durch Auflagen und Schablonen oder durch Bestreichen mit auswaschbaren Lösungen für die Druckfarbe undurchlässig gemacht ist. Die Farbe wird gleichmäßig durch die nicht abgedeckten Stellen des Siebes auf das darunter liegende Papier gedrückt.

T **Temperafarben**
In der Temperamalerei werden Bindemittel verwendet, z. B. Hühnerei, Kasein oder eine Mischung aus Leinölfirnis und Leim. Es gibt wasserlösliche und wasserfest abbindende Tempera, z. B. Pflanzleim-Tempera oder Kasein-Tempera. Ist der Ölgehalt einer Temperamalerei sehr groß, spricht man von einer Öltempera.

Tertiärfarben
Gelborange, Rotorange, Rotviolett, Blauviolett, Blaugrün und Gelbgrün werden als Tertiärfarben (auch: Farben 3. Ordnung) bezeichnet. Sie werden aus einer Primärfarbe und einer Sekundärfarbe gemischt, wobei der Farbanteil der Primärfarbe überwiegen muss.